HEIDELBERGER POETIKVORLESUNGEN
Band 2

herausgegeben von
FRIEDERIKE REENTS

FELICITAS HOPPE

Kröne dich selbst – sonst krönt dich keiner!

Universitätsverlag
WINTER
Heidelberg

Bibliografische Information der Deutschen Nationalbibliothek
Die Deutsche Nationalbibliothek verzeichnet diese Publikation
in der Deutschen Nationalbibliografie;
detaillierte bibliografische Daten sind im Internet
über *http://dnb.d-nb.de* abrufbar.

Die Heidelberger Poetikdozentur am Germanistischen Seminar
ist ein Projekt der Universität Heidelberg in Kooperation mit der
Stadt Heidelberg und Teil der Heidelberger „UNESCO City of
Literature"-Aktivitäten; sie wird unterstützt durch die großzügige
Förderung von Drs. Karin und Peter Koepff.

Diese Publikation wurde gefördert durch:

ISBN 978-3-8253-6755-8

© 2018 Universitätsverlag Winter GmbH Heidelberg
Imprimé en Allemagne · Printed in Germany
Umschlaggestaltung: Klaus Brecht GmbH, Heidelberg
Druck: Memminger MedienCentrum, 87700 Memmingen

Gedruckt auf umweltfreundlichem, chlorfrei gebleichtem
und alterungsbeständigem Papier

Den Verlag erreichen Sie im Internet unter:
www.winter-verlag.de

Reihenvorwort

Seit der Gründung der Heidelberger Poetikdozentur im Jahr 1993, die auf Initiative der damaligen Inhaber der Lehrstühle für Neuere Deutsche Literatur am Germanistischen Seminar der Universität Heidelberg, Helmuth Kiesel und Dieter Borchmeyer, in Kooperation mit dem Kulturamt der Stadt Heidelberg zu Stande kam, haben renommierte Schriftstellerinnen und Schriftsteller nicht nur interessierten Studierenden, sondern auch einem breiten städtischen und überregionalen Publikum die Möglichkeit gegeben, Einblick in die Werkstatt ihres literarischen Schaffens zu geben.

Die Idee, Autorinnen und Autoren einzuladen, sich über mehrere Vorlesungen hinweg über eine selbst gewählte Frage zur zeitgenössischen Literatur zu äußern, begleitend aus aktuellen Werken zu lesen und sich den Fragen des Publikums zu stellen, wurde von der Hörerschaft schnell angenommen. Die Poetikdozentur wurde bald zum Markenzeichen der traditionell ohnehin literarisch geprägten Stadt und des naturgemäß dieser Tradition verpflichteten Germanistischen Seminars bzw. der Neuphilologischen Fakultät.

Die gewählten Zugänge waren so unterschiedlich wie die Werke der eingeladenen Poetikdozentinnen und -dozenten und berührten die ganze Bandbreite von Produktions-, Werk- und Rezeptionsästhetik: So sprach etwa Peter Bieri über die Herausforderung, Erfahrungen überhaupt zur Sprache zu bringen; Brigitte Kronauer über die Unvermeidlichkeit, aber auch die Zweideutigkeit von Literatur; oder Louis Begley und Felicitas Hoppe – wie in diesem Band nachzulesen ist – über die jedem

1

literarischen Schreiben zugrunde liegende Unterscheidung von Fakten und Fiktion bzw. Autobiographie und Selbsterfindung. Während Michael Rutschky von Notizkalendern als Prätexten seines Schreibens berichtete, hoben Lutz Seiler oder Frank Witzel die Bedeutung der Popmusik als Impulsgeber ihrer Werke hervor. Während es bei Wilhelm Genazino um Furcht und Zittern der Überempfindlichen, bei Ulla Berkéwicz um den Verbleib des heiligen Schreckens und bei Patrick Roth um Suspense ging, verlegte sich Eckhard Henscheid auf die Frage nach dem Sinn des Unsinns und Martin Walser auf des Lesers Selbstverständnis. Als Vertreterin der Popliteraten sprach Alexa Henning von Lange über den ‚Sound' des Hier und Jetzt, während sich Alban Nikolai Herbst über die Arbeit am Sterben der Schriftkultur Gedanken machte. Und schließlich, zeitgeschichtlich motiviert, ging es bei Volker Braun um das Schreiben nach der Wende und bei Bernhard Schlink, aber auch bei Seiler und Genazino, um das über Vergangenheit und Heimat.

Nach knapp einem Vierteljahrhundert erfolgreicher Zusammenarbeit von Stadt und Universität, seit Jahren großzügig gefördert durch das dem künstlerisch-städtischen Anliegen verpflichtete Ehepaar Karin und Peter Koepff, haben wir uns im vergangenen Jahr dazu entschlossen, die zukünftigen, aber auch die vergangenen Poetikvorlesungen herauszugeben. Deshalb wurde diese Reihe gegründet: um den Vorlesungen in immer flüchtiger werdenden Zeiten einen angemessenen Raum in gedrucktem, hoffentlich bleibendem Format zu geben.

Heidelberg im Juli 2018

Friederike Reents

Germanistisches Seminar der Universität Heidelberg

Inhaltsverzeichnis

4

Felicitas Hoppe

KRÖNE DICH SELBST – SONST KRÖNT DICH KEINER!

Hoppe, das bin übrigens ich:
Über Autobiographie und Selbsterfindung

Reißverschlüsse

Es gibt, bis dato, nur eine einzige Autobiographie von Felicitas Hoppe. Sie trägt allerdings nicht den Titel *Hoppe*, sondern gar keinen Titel und hat den entscheidenden Vorteil, *de facto* für immer Fragment geblieben zu sein. Denn sie ist ein Kinderwerk und beginnt so: „ICH. Meine Familie. Mein Name und meine Wünsche und mein Leben. Felicitas Hoppe. Das bin ich. Im Augenblick, in der Zeit, wo ich meine Erlebnisse schreibe, bin ich zehn Jahre alt. Ich habe trotz meiner erst zehn Jahre doch schon eine Menge erlebt." Hier bricht der Text ab, offenbar ist die Autorin bereits nach wenigen Zeilen an ihrem ehrgeizigen Vorhaben gescheitert. Im Werk von Felicitas Hoppe ein seltener Fall, denn bereits als Kind legte ich größten Wert darauf, jedes einmal begonnene Werk auch zu beenden. Mein gesteigertes Empfinden für Symmetrie verlangte schon damals, genau wie das Märchen, geradezu zwanghaft nach Ordnung, nach einem deutlich gesetzten Schlusspunkt; bis heute setze ich in der Regel alles daran, für jeden Anfang auch ein passendes Ende zu finden. Dass das nicht immer überzeugend ausfällt, ist lediglich der Ungeduld der Autorin geschuldet.

Apropos Ungeduld: Es hat mehr als vierzig Jahre gedauert, bis ich mich ein zweites Mal an dasselbe autobiographische Vorhaben wagte. Diesmal allerdings unter anderen Vorzeichen, mit einem bereits publizierten Werk im Rücken und fest entschlossen, die Sache nicht nur in Angriff zu nehmen, sondern auch tatsächlich zu Ende zu führen, obwohl das Ganze scheinbar mit einem Scherz begann: Das Publikum jedenfalls brach in schallendes Gelächter aus, als ich im Rahmen einer Lesung in Frankfurt am Main im Jahr 2006 aus meinem eben erschienenen Roman *Johanna* auf die klassische Frage der Moderatorin, was denn „als Nächstes" zu erwarten sei, sagte: „Meine Autobiographie."

Auf die Frage, ob ich dafür nicht noch „etwas zu jung" sei (ich war Mitte vierzig), gab es eine so einfache wie zwingende Antwort, die weder das Publikum noch die Moderatorin überzeugte, mir selbst aber bis heute plausibel erscheint, hatte ich doch seit Jahren über etwas nachgedacht, das ich an dieser Stelle gern wiederhole: In meinem Werk, von *Pigafetta* über *Verbrecher und Versager* bis hin zu *Johanna*, wimmelt es von historischen Gestalten, die nicht nach Art des geläufigen historischen Romans nachgestaltet werden, sondern der Autorin als Masken, Kostüme und Sprachrohre dienen, als Stellvertreterfiguren, mit denen sie sich anhand von Geschichten aus der Geschichte persönlichen Ausdruck und damit einen Kommentar zu ihrer eigenen Gegenwart zu verschaffen versucht. Es sind also weder Pigafetta noch Johanna, die in Hoppes Texten sprechen, sondern es ist die Autorin selbst, indem sie sie ihren eigenen Zwecken und Ansichten unterordnet. Ein literarisches Verfahren, das zum Versteckspiel neigt und vom Leser große Beweglichkeit verlangt. Ein Grund für immer wiederkehrende Kritik, für den Vorwurf von Hermetik und Eskapismus: „„Warum macht sie nicht einfach den Reißverschluss auf und lässt uns einen Blick ins Innere werfen?"" Damit, so fand ich, müsse kurzfristig Schluss sein. Nach über zehn Jahren ‚Maskenspiel' verspürte ich das dringende Bedürfnis, die Karten offen auf den Tisch zu legen: Hoppe sollte endlich über Hoppe sprechen, als sie selbst und über sich selbst. Ein naiver Wunsch, wie sich sehr bald herausstellen sollte.

Denn nimmt man das Publikum ernst, so gibt es für das Schreiben einer Autobiographie auf den ersten Blick nur zwei mögliche Alibis: Alter oder Berühmtheit. Alter lässt so gut wie alles zu, ist eine genuine Berechtigung zum Erzählen. Berühmtheit verschafft garantiert Publikum, ein Grund (unter vielen) für den autobiographischen Boom, den wir seit Jahren erleben. Doch über beides verfüge ich nur zur Hälfte. Weise ich darauf hin, dass es andere, weit jüngere Autobiographen als mich gegeben hat (Goethe ist nur das prominenteste Beispiel), kommt umgehend eine moralische Kategorie ins Spiel, der Vorwurf der Selbstüberhebung und Koketterie, des Hochmuts, der *superbia* – darf man sich wirklich so wichtig nehmen?

Meine Antwort ist einfach: Man darf es nicht nur, man muss es sogar: Kein Schriftsteller, der sich nicht wichtig nimmt. Schreiben ist eine ernste Sache, selbst dann, wenn sie Spaß macht. Der Schriftsteller gibt den Dingen Bedeutung und damit sich selbst. Tut er dies nicht, wird sein Text nicht viel taugen. Welches Verfahren er dafür wählt, ist ihm selbst überlassen. Und hier liegt das Problem, weil sich sehr schnell herausstellt, dass das Schreiben einer Autobiographie alles andere als ein Kinderspiel ist. Was auf den ersten Blick verführerisch leicht scheint – erzähl' uns deine Geschichte, sprich von dir selbst! –, erweist sich im Verlauf der Arbeit als riskant und gefährlich: Der autobiographische Teufel steckt nicht im Detail, sondern im ICH, vielleicht weil das Ich bei näherem Hinsehen auch nicht viel mehr ist als ein kleines Detail.

Felicitas Hoppe. Das bin ich. Aber was heißt das? Ich bin kein Archivar meiner Selbstentwürfe und kann an dieser Stelle leider kein Textbeispiel anführen, um das wiederholte Misslingen deutlich zu machen. Nur so viel: Die ersten Entwürfe taugten nichts. Mein Ich geriet umgehend in jene Erinnerungsfalle, die ich mit allen Mitteln vermeiden wollte. Erinnerungen, wir wissen es alle, sind so klar wie verschwommen, transformierte Wahrheiten, die durch ständige Wiederholung, durch Nacherzählung und Versprachlichung kaum mit den Fakten in Einklang stehen. Kindheiten sind bekanntlich der größte Fettnapf. Die Probe aufs Exempel ist einfach: Nehmen wir ein Familienfest oder ein traditionelles Klassentreffen, nur zwei Beispiele für Zusammenkünfte, bei denen die Konkurrenz der Erinnerungen besonders skurrile Blüten treibt; was nicht selten zu Streitereien führt, erst über Fakten (Das Kleid unserer Mutter war grün, nicht blau!), später über Gefühle (Ich war niemals glücklich!), bis hin zu den üblichen Misstrauensvoten: Du bist doch gar nicht dabei gewesen!

Als drittes von fünf Kindern weiß ich mehr davon, als mir lieb ist, denn ich war immer dabei und neige inzwischen der Ansicht zu, dass der einzige Ausweg das Schreiben selbst ist, mit dem die Erinnerung sich durch gesteigerte Selbstbehauptung ihre eigene Form schafft. Nur so kann sie einzig und eigen werden, was nicht heißen soll, sie würde auch wahr; doch sie wird immerhin existent und ist nicht mehr aus der Welt zu schaffen. Sie bildet ihre eigene Welt aus, ihren eigenen Kosmos.

Wie aber bringt man das zu Papier? Wie findet man die richtige Sprache? Wer lesend versucht, sich eine Schneise durch die zahlreichen Welten verschriftlichter Kindheitserinnerungen zu schlagen, wird allem voran auf eines stoßen: auf das Klischee. In anderen Worten: auf den simplen Effekt der Wiedererkennung, denn die Sprache (re)generiert unermüdlich eine Sprache voller Bilder, die inzwischen ziemlich abgenutzt sind.

Das Problem liegt also nicht in der Erinnerung, sondern in der Sprache, die sie zu Tage fördern soll, in der wir sie (und uns) ausdrücken wollen, aber eigentlich gar nicht ausdrücken können.

Denn sobald wir zu schreiben beginnen, sind wir auf hoffnungslose Weise von gestern: Wir greifen auf alte Muster zurück und tappen auf altbekannte Weise im Dunkeln und damit in immer dieselben Fallen: Wir werden sentimental, obwohl wir historisch sein wollen, wir wohnen nicht in der Gegenwart, sondern in alten Häusern und Gärten. Wir idyllisieren, beschönigen, dramatisieren und versuchen dabei auf manchmal lachhafte und manchmal verzweifelte Weise, Schlachten zu schlagen, die faktisch schon lange geschlagen sind. Und je mehr wir uns darum bemühen, einzig, eigen und originell zu sein, umso allgemeiner und anekdotischer werden wir.

Auch daran ist unsere Sprache schuld, die unsere Lebenserzählungen formelhaft in Gefangenschaft nimmt. Alle erzählten Kindheiten ähneln einander, die glücklichen wie die schrecklichen. Dabei wollen wir doch, dass man uns endlich erkennt – als die, die wir sind, und als die, die wir waren. Das ist der autobiographische Trugschluss.

Tun

Nachdem ich meinen Lektor vor vollendete Tatsachen gestellt hatte – Hoppe hat beschlossen, über Hoppe zu schreiben –, bekam ich postwendend ein Buch von Philippe Lejeune zugeschickt: *Der autobiographische Pakt.* Nur eines von vielen weiteren Büchern, die mir aus allen Richtungen zugesteckt wurden. Ich nehme an dieser Stelle bewusst Abstand davon, Sie in die lange und reiche Geschichte der Autobiographie und der dazugehörigen Theorie einführen zu wollen, mit der man weit mehr als drei Vorlesungen füllen könnte und wofür, weit besser und kompetenter, die Literaturwissenschaft zuständig ist. Stattdessen versuche ich, mich auf die Beschreibung eines Prozesses zu beschränken, der nicht weniger schwer zu beschreiben ist als das eigene Leben.

Ich beginne mit einem Satz aus *Hoppe*, der genau genommen kein Satz, sondern nur eine von vielen Sentenzen ist, von denen es im Hoppebuch nur so wimmelt. Er lautet: „Durch Tun zum Tun" und charakterisiert, immerhin halbwegs treffend, den hoppeschen Schreibprozess: Denn *Hoppe* ist keine Kopfgeburt, kein Gedankenkonstrukt, sondern ist aus der schreibenden Praxis heraus entstanden. Ein sportiver Ansatz, nichts als ein ständiges Anlaufnehmen, in der Hoffnung, beim nächsten Versuch etwas weiter zu springen und eine neue Marke zu setzen. Immer wieder fing ich von vorne an, ständig im Streit mit meinem lästigen Ich, grammatikalisch gesprochen mit einer ersten Person, die permanent vorgab, ich selber zu sein, die ich *de facto* aber nicht zu fassen bekam.

Je deutlicher und lauter ich ICH sagen wollte, umso fremder erschien mir meine erste Person. Mein schreibendes Ich rekapitulierte Ereignisse und erzählte Geschichten, die einfach nicht stimmten. Nicht weil sie etwa erlogen waren, sondern weil ich, im Gegenteil, wie ein Sklave an meiner vermeintlich eigenen Wahrheit hing. Ein paradoxer Effekt: Die Fakten stimmten, nur taugten sie nichts, sie führten nirgendwohin, sie berührten nicht einmal entfernt jene Substanz, an die ich schreibend herankommen wollte. Je ‚echter', je ‚authentischer', je ‚ehrlicher' ich zu sein versuchte, umso fremder wurde ich mir.

Ein Allgemeinplatz. Jeder Schriftsteller kennt das Problem. Aber wie kommt das? Woraus speist sich das Bewusstsein, dass die faktische Rekonstruktion von etwas erzählt, das dem Lebensgefühl selbst so wenig entspricht, also mit dem, was wir das ‚eigene Leben' nennen, so wenig in Verbindung steht? Jeder, der jemals sein Curriculum Vitae ausgedruckt hat, zu welchem Zweck auch immer, versteht sofort, wovon ich spreche:

Der simple Zahlenstrahl einer Biographie, bestehend aus Daten und Fakten, suggeriert sachdienliche Hinweise über eine Person, für die wir *uns* halten und für die uns auch andere halten sollen, dieser Zahlenstrahl betrifft aber nur einen Bruchteil dessen, worum es im Leben wirklich geht.

So heißt es auch in Hoppes *Verbrecher und Versager*: „Aber ich beginne mich zu verzetteln. Denn in Wahrheit kommt es auf Tatkraft an, nicht auf Rekonstruktion, weil sich bei näherem Hinsehen als sinnlos erweist, aus Papierfetzen, flüchtigen Hinweisen und unscharfen Photographien einen Charakter zu rekonstruieren. Charaktere existieren nicht. Sie sind, wie im Schlepptau die Biographien, immer erfunden. Dieser Glaube, ein Mensch träte uns plötzlich als Ganzes entgegen. Als wäre es wirklich interessant, wer oder was jemand ist. Nur im Verhältnis der Menschen zueinander lässt sich Kontur erkennen, die Ahnung eines Zusammenhangs."

Vielleicht war es die Ahnung jenes Zusammenhangs, die mich, nach zahlreichen Fehlversuchen, schließlich endlich erkennen ließ, wie einfach die Sache in Wirklichkeit ist: Ich musste Abschied nehmen, die Richtung ändern, auf Distanz gehen zu meinem kleinen Ich. Ich musste die Perspektive wechseln, die Posten und Positionen vertauschen, die erste mit der dritten Person. Ich musste von der Pflanze zum Gärtner werden, mir einen Blick von außen verschaffen, mich, wie ein Jäger mit einem Fernrohr bewaffnet, auf einen Hochsitz setzen, um die Dinge aus einer Entfernung zu sehen, die sie mir wirklich deutlich machte.

Das wiederum erscheint paradox, neigen wir doch zu der Annahme, der subjektive Blick sei der ‚ehrlichere'. In meinem Fall verhielt es sich anders: Ich brauchte eine Autorität, eine scheinbar allwissende Instanz, die wenigstens kurzfristig von sich behaupten konnte, mich besser zu kennen als ich mich selbst, einen kundigen auktorialen Erzähler, mit anderen Worten: einen Biographen. Und da er weit und breit nicht zu finden war, entschloss ich mich schließlich, ihn selbst zu spielen: wohlgemerkt kein Du und kein Ihr, sondern eine dritte, um nicht zu sagen: eine ‚überdritte' Person. Andere haben es vor mir gewusst und vor mir getan, denn der Trick ist simpel. Doch es ist ein Trick mit weitreichenden Folgen.

Denn was ich als Ich über mich niemals sagen könnte, kann Hoppe durchaus über Hoppe sagen; erst wenn Hoppe Abschied von ihrem Ich nimmt, besteht, jenseits jeder Beschönigung, ernsthaft Aussicht auf neue Erkenntnis, auf Lob und Kritik jenseits von Selbstlob und Selbstkritik, die naturgemäß immer peinlich ausfallen. Es ist also jene grammatikalische dritte Person gewesen, die mir am Ende erlaubt hat, zu tun, was eigentlich selbstverständlich ist und seit jeher das Amt der Literatur: neues Licht auf die eigene alte Sache zu werfen.

Ist das erst einmal begriffen, ist so gut wie fast alles möglich. Plötzlich erscheint ein Leben vor uns, das nicht nur von dem erzählt, was angeblich war, sondern auch von dem, was hätte gewesen sein können; und von dem, wovon wir immer noch träumen. Die sogenannte dritte Person, sofern man sie schreibend tatsächlich ans Ruder lässt, neigt nämlich, im Gegensatz zur ersten Person, weder zu Kitsch noch zu Ressentiment. Sie bewertet nicht, sondern konstatiert. Sie bedauert nicht, was nicht gewesen ist, sondern gibt dem unerfüllten Wunsch eine neue Bedeutung. Sie ist es, die mir in *Hoppe* erlaubt hat, nicht nur konjunktivisch zu sprechen, sondern den Konjunktiv zum Faktum zu machen, grammatikalisch gesprochen zum Indikativ; und damit den Wünschen jenen Platz einzuräumen, der ihnen in unseren Biographien und Selbstbiographien schon lange gebührt.

Damit bin ich im Zentrum. *Hoppe* erzählt Hoppes Leben nicht von den Fakten, sondern von ihren Wünschen her; sie bilden den Motor einer Erzählung, die das Leben nicht von den

Wünschen trennt, sondern die Wünsche zu Fakten erhebt. Wir sind nicht, was wir sind, sondern, was wir gewesen sein wollen und niemals wurden. Was nicht meint, wir hätten das falsche Leben, sondern dass wir, neben dem ‚echten' Leben, tausend andere Leben haben, die genauso vital und authentisch sind. Eine Binsenweisheit, wie jeder Tagträumer weiß.

Für die Wahrnehmung der Gattung ‚Autobiographie' ist diese Binsenweisheit allerdings folgenreich. Die Verwandlung des Konjunktivs in den Indikativ krempelt das Vorhaben um und bringt ein neues Genre hervor, das gelegentlich neu definiert werden müsste. Der S. Fischer Verlag, also der Verlag, in dem *Hoppe* erschienen ist, hat, auf etwas unbeholfene Art, tatsächlich versucht, dem Folge zu leisten, indem er, in seiner Ankündigung eines Buches, von dem er selbst nicht recht wusste, was es nun sein soll, zu einer ausweichenden Notlösung griff: In der Vorschau und den das Erscheinen des Buches begleitenden Texten ist, die allgemeine Ratlosigkeit spiegelnd, von einer „Traumbiographie" oder „Wunschbiographie" die Rede, weshalb die verlegen-konventionelle Gattungs- und Verkaufsbezeichnung lautet: „Roman".

Damit trifft der Verlag ins Schwarze und zugleich voll daneben. Und das nicht weniger als die Jury des Büchner-Preises, die von Hoppes „Umkreisen der Identität" sprach. Denn selbstverständlich ist *Hoppe* weder Roman noch Traum- noch Wunschbiographie, sondern die authentische Biographie eines träumenden Kindes. Aber auch das trifft die Sache nicht ganz. *Hoppe* ist keine Autobiographie, sondern die Biographie einer Autorin, die den Auftrag der Selbsterzählung an eine andere Instanz weitergegeben hat, an jene andere Hoppe, die weiß, dass Faktum und Wunsch eine unzertrennliche Einheit bilden. Wir sind, was wir wünschen, das ist der wahre autobiographische Pakt: Biograph und Biographierter fallen in eins. Ich darf aufhören, über mich selbst zu schreiben, und Hoppe fängt endlich an, über Hoppe zu schreiben. Das aber kann nur, wer bereits eine Identität hat.

Erfinderväter

Hat man dies einmal begriffen, ergibt sich der Rest wie von selbst. Erhalten Fakten und Wünsche denselben Status, herrscht also souveräne Gleichgültigkeit, muss die Selbsterzählung zwangsläufig eine andere werden und lässt jede Abweichung vom Curriculum zu. Dass dies zu Verunsicherungen beim Leser führt, versteht sich von selbst. Er sucht den Abgleich mit dem ‚wirklichen Leben‘ und versteht nicht, warum Hoppe, nachweislich drittes von fünf Kindern, geboren und aufgewachsen in Hameln, in *Hoppe* plötzlich ein Einzelkind ist, das mit einem „Erfindervater" in der kanadischen Provinz Ontario aufwächst.

Nicht unschuldig an diesem Vorrang des Wünschens sind – was sonst? – meine Kindheitslektüren, die alles andere als originell sind. In der traditionellen Kinderbuchliteratur sind Einzel- und Waisenkinder Legion. Pippi Langstrumpf ist nur das prominenteste Beispiel dafür. Sie hat weder Vater noch Mutter. Ihre Mutter sitzt seit Jahren im Himmel ein, während ihr Vater zur See fährt und sich immer nur dann blicken lässt, wenn es gilt, die Kasse seiner Tochter mit Gold aufzufüllen. Ein Traum von einem Vater! Allerdings beschleicht uns, die Leser, ein Unwohlsein: Wie mag es wirklich um jenes Mädchen bestellt sein, das niemanden hat, der es abends zu Bett bringt, niemanden, der ihm Geschichten erzählt?

Dieses Unwohlsein ist dem tief verankerten Wunsch nach Sicherheit und vertrauten Mustern geschuldet. Die Literatur, angeblich Hort der Phantasie und Erfindung, reagiert auf deren reale Umsetzung nur bedingt flexibel. Denn allen Annahmen zum Trotz, es sei die Literatur, die uns dazu verlockt, über unsere Grenzen hinauszugehen, ist es dieselbe Literatur, die uns permanent im Gewohnten verortet, im Zuhause, in erwartbaren Genres und Gattungen, die wir zu kennen glauben. Der Durchschnittsleser agiert wie Hoppe als Kind, wie die junge Autorin, die für jeden Anfang das stimmige Ende sucht. Die erwachsene Hoppe stößt auf weniger Gegenliebe. Versuche ich auf Lesungen wiederholt, mein Programm der Selbsterfindung zum Thema zu machen, stoße ich auf Widerstand, auf eine offene Rechnung, die nach einer klaren Antwort in Zahlen verlangt und sich in der Regel in der einfachen Frage ausdrückt: „Wie viel Prozent in *Hoppe* sind wahr? Und wie viel erfunden?" Dass Wahrheit sich nicht in Prozenten misst, ist keine Antwort auf die entscheidende Frage: Wie kommt Hoppe nach Kanada?

(Für diejenigen, die *Hoppe* nicht kennen, sei an dieser Stelle erwähnt, dass *Hoppe* nicht die Geschichte von Felicitas Hoppe erzählt, die ihre ersten neunzehn Jahre in Hameln verbrachte, sondern die Geschichte einer Felicitas, die mit ihrem schlesischen ‚Erfindervater' in den mittleren sechziger Jahren von Deutschland nach Kanada emigriert, später nach Australien zieht und sich von dort aus in die Vereinigten Staaten von Amerika absetzt, wo sie zweifelhaften Karrieren nachjagt, die ihr den Vorwurf der Hochstapelei eintragen, weil sie immer wieder behauptet, eigentlich aus Hameln zu sein und, tatsächlich, wie ich, vier Geschwister zu haben, denen sie täglich Briefe schreibt.)

Wie tief Selbsterfindung verunsichern kann, beweist der Besuch eines Seminars kurz nach Erscheinen des Buches, in dem der Professor einen Satz aus dem Text in den Vordergrund rückte, der das schreibende Tauschprinzip auf höchst deutliche Weise zur Anschauung bringt: Die Fiktion tritt an die Stelle der Wirklichkeit, wenn der Hoppebiograph über Hoppe sagt: „Die Hamelner Kindheit ist reine Erfindung", kommentiert vom Professor wie folgt: „Sie haben ihre Familie umgebracht."

Ein psychoanalytisches Urteil. Aber meine Familie ist nicht gestorben, sondern lebt, jenseits ihrer literarischen Liquidation, außerhalb meiner Fiktionen höchst vital weiter. Womit ich der folgenden Frage nicht ausweichen will: Wozu die Irreführung, wozu der große Aufwand einer erfundenen Selbsterzählung um tausend geographische und biographische Ecken? Warum bleibt Hoppe nicht einfach dort, wo sie herkommt und hingehört, im Land des romantischen Rattenfängers? Warum bleibt sie nicht bei der ordnenden Trennung zwischen Leben und Literatur?

Die Antwort ist wiederum einfach: weil sich Literatur aus dem wirklichen Leben speist und weil Phantasie keine Parallelwelten ausbildet, sondern, im Gegenteil, nur ein Mittel zum Zweck ist, das durch Verfremdung und Überhöhung die Dinge nur umso kenntlicher macht – die ‚präzisierende Hefe der Phantasie‘, wie der Schriftsteller Bohumil Hrabal einmal sagte. Die Sage vom Hamelner Rattenfänger gewinnt ihre Bedeutung nicht aus dem Verweis darauf, dass sie eine am Kamin zu erzählende Sage sei; ihre literarische Kraft erweist sich erst in der Möglichkeit, sie auch tatsächlich in eine Tat umzusetzen.

Wie Hoppes kanadische Mutter Phyllis Gretzky beweist, die den Text so entschieden wie folgenreich in die Realität des Alltags eines anderen Kontinents holt: „Und, Kinder!, was soll ich euch sagen: Da stehen sie plötzlich in Kanada, auf frisch poliertem Eis, lauter glänzende Gesichter, gleich um die Ecke hinter unserem Haus. Damit hatte natürlich keiner gerechnet. Wie groß die Freude war, könnt ihr euch denken. Und das alles haben sie dem Rattenfänger zu verdanken. Denn hätte der sie nicht mitgenommen, säßen sie bis heute in Hameln und wüssten nichts mit sich anzufangen."

Wie aber ist Phyllis Gretzky in Hoppes Biographie gekommen? Kurzfristig eingeschneit vertrieb ich mir während einer Gastprofessur in Georgetown (Washington, D.C.) meine Zeit mit Büchern, eines davon über Eishockey, in dem ich auf das bezaubernde Bildnis eines sehr schönen jungen Mannes stieß: Wayne Gretzky, größter Eishockeyspieler aller Zeiten, kaum mehr als drei Wochen jünger als Hoppe. Folglich mein Zwilling. Die Wahl stand umgehend fest: Der und sonst keiner! Der Mann meiner Träume, mit dem ich aufwachsen und für immer aufs Eis will.

So viel zum Thema: Wie entsteht Literatur? Wovon handelt ein Leben? Was ist meine Geschichte? Wer bin ich wirklich? Was kann ich, wo gehöre ich hin? Meine dritte Person reagierte sofort, indem sie sich ungefragt daran machte, Hoppe ein Leben zu erfinden, von dem ich, bis dato *de facto*, nicht die geringste Ahnung hatte. Danach ging alles sehr schnell und mühelos, ganz nach dem Wunsch von Phyllis Gretzky, die, wie jede kluge Mutter, jede überschrittene Grenze in Hoffnung auf Neuland übersetzt.

Hierbei erwies sich nicht Wayne, sondern Phyllis als der entscheidende Glücksgriff. Sie wurde im Lauf des Schreibens zum Spiegel meiner eigenen Mutter, die nicht zeit-, aber immerhin raumverschoben dieselben fünf Kinder großzog. Das Porträt von Phyllis ist eine Liebeserklärung an alle Mütter der Welt, die, ohne den geographisch-biographischen Abstand zu nehmen, sentimental und rührselig wäre. Dank Hoppes Kulissenschieberei ist sie haltbar und echt. In anderen Worten: Phyllis firmiert als die Mutter der Mütter, die mich bis heute begleitet, während meine eigene Mutter, Phyllis sei Dank, sich nach wie vor in Freiheit befindet, weil sie niemals Literatur werden musste.

Helfershelfer

In meinen frühen Kindheitserinnerungen bin ich, sofern ich meinen Wünschen vertrauen kann, tatsächlich ein Einzelkind. Ich habe weder Geschwister noch Mutter, nur einen Vater, jenen bereits oben erwähnten ‚Erfindervater‘, der mit meinem wirklichen Vater nichts zu tun hat. Wir leben in einem großen Haus, wir sehen uns nie, wir verkehren miteinander fast ausschließlich schriftlich, unsere Freiheit besteht darin, dass wir uns niemals begegnen. Unser Vertrauen ineinander ist schlicht und vollkommen. So träumt nur ein Kind aus einer großen Familie, das niemals ein eigenes Zimmer hatte.

Ein bizarrer Entwurf, gegen dessen literarische Realisierung, Jahrzehnte später, meine real existierenden Geschwister keinen Einwand hatten. Wahrscheinlich waren sie sogar erleichtert darüber, in *Hoppe* nur schemenhaft vorzukommen, als namenlose Briefpartner, von denen man keine Antwort verlangt. Ihre Antwort, das wussten sie ziemlich genau, hätte mein autistisches Selbstgespräch nur gestört. Und doch sind sie da, sie stecken zwischen den Zeilen, sie bilden, wie alles, was echt ist im wirklichen Leben, einen ungeschriebenen Kommentarapparat aus. Schließlich kennen sie mich besser als ich mich. Aber, und das ist der entscheidende Unterschied, ich schreibe es auf und sie nicht. (Oder erst später.)

Weit schwerer als meine Familie wiegen dagegen jene anderen ‚Gewährspersonen‘, die sich in meiner Phantasie immer schon einmal zu Wort melden wollten und die es jetzt, dank der dritten Person, die zu Gerechtigkeit neigt und (scheinbar) allen das Wort erteilt (allerdings nur, wenn es ihr passt), tatsächlich auch tun. Neben Hoppe, der Biographin von Hoppe, die gern besserwisserisch unter dem Kürzel „fh“ firmiert, wenn sie die Äußerungen von Hoppes Wegbegleitern kommentiert, relativiert oder korrigiert, sind dies vor allem jene, die Hoppes Tun und Treiben von Anfang an begleitet haben: Schulkameraden, Lehrer und Trainer, später ihre Leser, Exegeten und Kritiker. *And last but not least*: die Wissenschaft!

Wenn allerdings in der Rezeption von *Hoppe* immer wieder von einer „verwirrenden Fülle der Stimmen“ die Rede ist, so verkennt sie, was ich bereits oben ausgeführt habe: *Hoppe* ist eine Biographie und deren Grundbedingung die Vielstimmigkeit. Biographien sind multiperspektivisch, sie bedienen sich sämtlicher Quellen, derer sie habhaft werden, vom Lebenslauf über das Werk der Autorin bis hin zu Zeitzeugenberichten, Selbstaussagen, Briefen, Interviews, Botenberichten, Gerüchten und Bildern, in der Hoffnung, daraus ein Porträt zu zeichnen, das der Porträtierten zumindest nahekommt. Und sie lässt jede Menge Erfindungen zu, denn, so heißt es bereits in *Verbrecher und Versager*, „in Wahrheit kommt es auf Tatkraft an, nicht auf Rekonstruktion".

Womit wir beim Stein des Anstoßes sind: Auf wen und was können wir uns in *Hoppe* wirklich verlassen? Antwort: Auf niemand und nichts und damit auf alle und alles. In der schlichten Hoffnung, dass es am Ende der alte griechische Chor ist, der, *summa summarum*, eine eigene, neue Stimme ergibt, einen Gesamtklang, dem wir vertrauen können. Doch genau hieraus ergibt sich das Misstrauensvotum: Ist nicht, im Fall von Hoppe und *Hoppe*, die Fülle der Stimmen illusionär, nichts als Fake? Denn alles, was in *Hoppe* über Hoppe gesagt wird oder gesagt werden könnte, stammt einzig und allein von Felicitas Hoppe, in anderen Worten: *Hoppe* ist weder Autobiographie noch Biographie, sondern eine Scheinbiographie.

Doch auch der Schein hat seinen Wahrheitsgehalt. Er liegt, jenseits der Selbstüberhebung, in dem Versuch, über etwas zu sprechen, worüber sich gar nicht sprechen lässt, in dem Wunsch, das nicht enden wollende Selbstgespräch einer Felicitas Hoppe in ein Gespräch zu verwandeln, für das keine Gesprächspartner zur Verfügung stehen. Man muss sie, wohl oder übel, also erfinden.

Fakt ist, dass ich in *Hoppe* einen Pakt schließen wollte, der einen Raum öffnen sollte für all die anderen Stimmen in meinem Kopf, die nicht nur für, sondern die auch gegen mich und damit gegen Hoppe sprechen, und von denen ich selbstverständlich nicht weiß, wie sie wirklich gesprochen hätten, hätte man sie tatsächlich gefragt. Aber es gibt sie, jene stillen Allianzen, die ein Autor mit seinen Gegnern bildet, die sich, je länger er schreibt, auf leisen Sohlen überraschend von Gegnern in Ratgeber verwandeln können, in jene, die es tatsächlich besser wissen.

Das ist die Stunde der Geburt der Kritik aus der Selbstbiographie einer Autorin, die sich tatsächlich die Freiheit nimmt, über ihr eigenes Werk zu sprechen; allerdings als eine, die es nicht besser weiß, sondern als eine, die ihrem eigenen Werk womöglich weit ratloser gegenübersteht als dessen Kritiker. Nicht die Erfindung eines neuen, womöglich besseren Lebens, das sich am Ende, wie so oft, nicht als besser, sondern als schlechter erweist, sondern die Einsicht in das eigene Tun, sprich in das, was man landläufig Erkenntnis nennt, ist der Motor, der das Hoppebuch, jenseits aller Phantasterei und Erfindungsfreude, tatsächlich vorantreibt.

Das allerdings gelingt nur mit Hilfe jener freundlichen Helfershelfer, die, in die Kostüme von Wissenschaft und Kritik genäht, endlich sagen dürfen, was Hoppe niemals über sich sagen könnte. Sie und sonst niemand sind es gewesen, die mir, zum ersten Mal in meinem schreibenden Leben, erlaubten, wirklich an meiner Substanz zu kratzen, wie zum Beispiel der Kulturwissenschaftler Kai Rost: „„Bei Hoppe […] wird man, ob man will oder nicht, ständig gezwungen, sich nicht ins Verhältnis zu setzen, sondern andauernd alles in eins zu werfen und dabei die Realität als Kategorie förmlich auszulöschen, da die Autorin offenbar keinen Begriff von Ort, Zeit und Handlung hat und sich an keiner Stelle die Mühe macht, eine wie auch immer geartete Wirklichkeit wenigstens versuchsweise und ohne Klischees zu simulieren. Bleibt am Ende die Frage: Was haben wir, ihre Leser, davon? Das Unterwegssein in Hoppes Privatkosmos mag unterhaltsam sein, auf Dauer hinterlässt es aber, im günstigsten Fall, nicht mehr als Ratlosigkeit.'"

Diese Ratlosigkeit jedoch erweist sich im Fortlauf des Geschehens und des Erzählens als eine Quelle der Produktivkraft und der Erkenntnis, was der Literaturkritik leider weitgehend entgangen ist, vermutlich weil sie selten mit Liebeserklärungen rechnet, wie sie ihr Hoppe in *Hoppe* macht. Eine Liebeserklärung, die nur auf den ersten Blick masochistisch erscheint, zwangsironisch und auf Selbstverteidigung aus. In Wahrheit streicht Hoppe in *Hoppe* die Segel, sie lässt sich gehen, sie lehnt sich erleichtert zurück angesichts einer Kritik, die sie am Ende von sich selbst befreit, von dem verzweifelten Versuch, literarisch etwas zum Ausdruck zu bringen, was sie nicht ausdrücken kann.

Ein einfacher Beweis dafür ist jene einfache, fast kindliche Freude, die es mir, wenn auch nicht verifizierbar, tatsächlich bereitet hat, die hier genannten ‚Kritikerpassagen' zu schreiben. Sie gehören, *de facto*, zu jenen Teilen von *Hoppe*, die sich fast wie von selbst verfassten, so leicht und flüssig, dass ich mir am Ende Einhalt gebieten musste, um nicht über die Stränge zu schlagen. Mindestens fünfzig Seiten davon habe ich später gekürzt, weil ich, *humoris causa*, auf den Abweg des Slapsticks geriet – ein sicheres Zeichen dafür, dass ich auf Kompensation und Zuneigung aus war, auf Gemeinschaft durch Anverwandlung von Stimmen, die ich vorher nicht haben durfte.

Am Ende, und das ist das Allerschönste und selbstverständlich die größte Illusion, wird diese Liebe tatsächlich erwidert, wiederum in den Worten Kai Rosts: „Ach, wie gern ich endlich mal mit ihr Deutsch sprechen würde oder, noch lieber, Fahrrad fahren: über diese Hügel und Täler, immer an der Weser entlang [...]. Der Raps steht leuchtend hoch, ein Schock in Gelb, und die Hügel sind eigensinnig und schön und viel zu sanft, um eine bedrohliche Landschaft zu bilden. Keine Berge, kein Meer. Kein Eis, keine Wüste. Weder Schakale noch Araber. Kein schroffes Gericht, kein Urteil. Ich liebe, ich verehre die mittlere Landschaft, den Kompromiss, die Versöhnung, ein Getränk, das nicht auf Eis liegen muss, um ganz wie von selbst über die Zunge zu gehen."

Rückstoß
Wer es, nach Reisen rund um die Welt, tatsächlich bis hierhin gebracht hat, wird vermutlich vor lauter Erschöpfung gar nicht bemerken, dass Kai Rost, der, genau wie Hoppe, ein Kind aus dem Weserbergland ist, hier Hoppes Faden aufnimmt und die kleine Hommage an ihre Heimatlandschaft fast wörtlich zitiert. So kommen Kritiker und Autorin zur Deckung und werden unvermutet ein Liebespaar. Das geht nur in *Hoppe*. Und ist ein weiterer Beweis dafür, dass *Hoppe* kein Spiel mit dem Leser ist, sondern ein Antrag auf Partnerschaft.

Oder, um jenseits der romantischen Liebe, im sportlichen Modus des Schreibens zu bleiben: Die Energie des Rückstoßes ergibt sich bekanntlich aus der Bewegungsenergie des Geschosses. Wer schießt, bekommt Antwort, in der Regel von denen, auf die sich die Mündung gerichtet hat. Weshalb ich zum Schluss nicht verschweigen will, was aus Hoppes Kulissenschieberei wurde und welche Folgen es hatte, dass ich mich in eine Landschaft stellte, die, wie eine Phototapete, meinen realen Hintergrund zwar *ad acta* legte, dafür aber mein Profil, meinen Charakter nur umso deutlicher aufscheinen ließ.

Denn wie in jedem ernsthaften Selbstporträt hatte ich mich, ohne es wirklich zu wollen, in eine alles verfremdende Landschaft gestellt und mir tatsächlich ein neues Leben erfunden und war damit unerwartet auf neue lebendige Partner gestoßen. Bereits im Mai 2012, zwei Monate nach Erscheinen von *Hoppe*, erhielt ich folgenden Brief eines kanadischen Lektors aus

Slowenien: „Sehr geehrte Frau Hoppe, als ich von einem Kumpel erfahren habe, dass Sie den Büchner-Preis für ein Werk [erhalten haben], das mit Wayne Gretzky und Glenn Gould zu tun hat, wusste ich wohl, dass er mich an den Arm nehmen wollte. [...] Und dann erfuhr ich die Wahrheit! Ich gratuliere Ihnen und schicke Ihnen mein *Canadian Hockey Literature* als Halbscherz – ironischerweise haben Sie mehr über Gretzky geschrieben als alle kanadischen Dichter zusammen. [...] Hoffentlich wird *Hoppe* so bald wie möglich ins ‚bitte nicht löschen und ohne Anrührung! Kanadische‘ übersetzt.“

Wenig später folgte ein zweiter Brief, diesmal aus Brantford (Ontario), Wayne Gretzkys Geburtsstadt, in dem der Exbürgermeister „unserer kleinen Stadt“ (Brantford ist nicht viel größer als Hameln) sich ausdrücklich dafür bedankte, dass ich in meinem Buch über Hoppe der Stadt eine besondere Ehre erweise. Außerdem führte er aus, dass es, dank einer gewissen Tante Charlotte, die im frühen zwanzigsten Jahrhundert einen Herrn Hoppe aus Montreal geheiratet habe, einen beachtlichen Hoppezweig in seiner Familie gäbe; um den Brief schließlich mit der Auskunft zu krönen, dass die Gretzkys seine Nachbarn gewesen seien und dass er mich jederzeit gern mit Walter, dem noch lebenden Vater von Wayne, persönlich bekannt machen würde.

Spätestens hier muss jede Kritik verstummen, die Hoppe jemals Phantasterei vorwarf. Die kanadische Wirklichkeit hat die hoppesche Phantasie zur Kenntlichkeit hin entlarvt und damit die Literatur für ihr eigenes Leben zurückerobert. Der Beweis ist also endlich erbracht: Es gibt kein erfundenes falsches Leben in einem erfundenen echten! Jede Kulisse, so ausgeklügelt auch immer sie sein mag, hat ihren Sitz in der Wirklichkeit und erzählt, gelegentlich unfreiwillig, eine alte Geschichte, über die nicht die Autorin regiert, sondern ihre Leser. Der Exbürgermeister von Brantford liest bei einem Besuch seiner Herkunftsfamilie in Deutschland ein Buch, das schon im Titel den Nachnamen seiner Großtante Charlotte trägt und dessen erstes Kapitel „Die kanadischen Jahre" heißt. Ein Narr, wer das nicht auf sich selbst bezieht.

Dass davon weder Tante Charlotte noch Hoppe wussten, versteht sich von selbst. Gerade deshalb legt der genannte Fall deutlich Zeugnis von der Tatsache ab, dass die Kritik irrt, wo sie sagt, *Hoppe* sei nichts als reine Erfindung. Es ist, im Gegenteil, das beste Beispiel dafür, dass es keine Erfindungen gibt, dass die Erfindung lediglich dazu dient, die Geschichte des menschlichen Lebens in Zusammenhänge zu stellen, die ein neues Licht auf sie werfen. Zugleich aber setzt diese Wirklichkeit Hoppe genau jene historischen Masken auf, die sie 2006 in Frankfurt am Main endlich ablegen wollte.

Mit *Hoppe* ist sie also unfreiwillig historischer geworden als in all ihren anderen Werken zuvor. Weshalb ich mich, kurze Zeit später, auf eine Reise nach Brantford begeben habe, auf die Suche nach der Familie Gretzky, in eine Nachbarschaft, die ich *de facto* nie hatte. Nichts als ein Abstecher auf einer anderen, etwas längeren Reise durch die Vereinigten Staaten von Küste zu Küste, auf der Suche nach anderen alten Verwandten, die das Metier der freundlichen Anverwandlung weit besser beherrschen als ich und von denen ich Ihnen, so Sie denn mehr erfahren möchten, gern in der nächsten Vorlesung berichte.

24

Anmerkungen

S. 5 Felicitas Hoppe, handschriftliches Manuskript.

S. 6 Felicitas Hoppe, *Hoppe. Roman*, Frankfurt am Main, 2012, S. 15.

S. 9 Philippe Lejeune, *Der autobiographische Pakt*, Frankfurt am Main, 1994.

S. 10 Felicitas Hoppe, *Hoppe. Roman*, Frankfurt am Main, 2012, S. 249.

S. 11 Felicitas Hoppe, *Verbrecher und Versager. Fünf Porträts*, Hamburg, 2004, S. 73 f.

S. 15 Felicitas Hoppe, *Hoppe. Roman*, Frankfurt am Main, 2012, S. 14.

S. 16 Vgl. Bohumil Hrabal, *Leben ohne Smoking. Erzählungen.* Aus dem Tschech. v. Karl-Heinz Jähn, Frankfurt am Main, 1993, S. 39.

S. 16 Felicitas Hoppe, *Hoppe. Roman*, Frankfurt am Main, 2012, S. 24.

S. 19 Felicitas Hoppe, *Verbrecher und Versager. Fünf Porträts*, Hamburg, 2004, S. 73 f.

S. 20–21 Felicitas Hoppe, *Hoppe. Roman*, Frankfurt am Main, 2012, S. 102 f.

S. 21–22 Ebd., S. 296 f.

Wir sind hier doch nicht in Amerika:
Über Nachreisen und Nacherzählen

Amerika

„Wir sind hier doch nicht in Amerika! Schreiben Sie das in Ihre Notizbücher, Gentlemen, falls einer von uns tatsächlich noch einmal versuchen sollte, die Füße auf Ihren Schreibtisch zu legen. [...] Amerika ist nun mal das Land unserer Träume: Ein freies Land, mit sehr freien Menschen, jeder sein eigener Sheriff, einsam rauchend, ohne Manieren, mit einem eigenen Stern auf der Brust und einem Hut auf dem Kopf, den er auch beim Essen nicht abnimmt. Und mit einem windigen Schreibtisch hinter der Schwingtür, auf dem bis heute, [...] gestiefelt, gespornt, übereinandergekreuzt, unsere nach Westen gerichteten Fersen liegen!"

So beginnt Felicitas Hoppes Roman *Prawda* (Wahrheit) und macht mich, zwanzig Jahre nach einer Weltumrundung auf einem Containerfrachtschiff, einmal mehr zu dem, was ich nie werden wollte: zu einer reisenden Schriftstellerin. Als Kind wollte ich alles, bloß nicht vor die Tür, nach Amerika schon gar nicht. Schließlich gab es drinnen Nahrung genug für die Phantasie eines schreibenden Kindes. Womit ich wieder bei den Kindheiten wäre, bei den Wünschen und Träumen.

Und bei den alten Klischees der Literatur, denn: „mein Vater [sah aus] wie Karl May" und „meine Mutter [trug] die schwarzen Haare einer Indianerin [...]. Zum Fasching ging sie mit Stirnband, als Squaw [...], er als Orientale, mit aufgemaltem Schnurrbart und Fes. Sie reisten auf ihre eigene Art und auf eigene Kosten. Karl May konnte mein Vater auswendig, nur das Land der Seen seiner Träume hat er niemals gesehen." Denn er kam, um bei der Wahrheit zu bleiben, als schlesischer Flüchtling nach dem Zweiten Weltkrieg nicht weiter als bis nach Niedersachsen, „wo man ausländische Namen bis heute so fröhlich mit deutscher Zunge ausspricht".

Doch jenseits der Sehnsucht nach Freiheit und Abenteuer blieb Amerika das Urbild schlechter Manieren, was die Faszination des fremden Kontinents selbstverständlich nur steigerte. Wir waren gestopft voll mit literarischen Bildern, mit Botenberichten aus einer Landschaft, die wir niemals gesehen hatten. Wir waren ständig auf innerer Lesereise, übrigens nicht nur nach Westen, sondern auch nach Osten.

Schuld daran waren die Russen: „Diese abscheulichen Russen […] mit ihren schrecklichen Büchern […], die einer anderen, finsteren Schwerkraft folgen und meine Mutter tiefer und anders trafen als alle rauchenden Colts. Anna Karenina rezitierte sie […] aus dem Stegreif […]. Wir, die hungrigen vier, lauschten und blieben ergriffen schlaflos zurück, hinter dünnen Wänden in kleinen Zimmern, in die weder Schreibtisch noch Sporen passten, dafür endlose Selbstmörderzüge […] von Westen nach Osten, einmal Sibirien, keinmal zurück. […] Aber legt man erst einmal die Ketten ab, […] fährt man ganz wie von selbst einfach weiter, was im Traum so leicht ist, wie durch Meere zu schwimmen, die Jahreszeit spielt keine Rolle mehr."

Soweit die Wirklichkeit eines literarischen Textes. Ein Schutzraum, den zu verlassen bekanntlich immer ein Risiko birgt. Reisen ist seiner Natur nach, mit allen Nebenwirkungen und Folgen, immer Abgleich von Wunsch und Wirklichkeit. Der Nachreisende ist dabei mit dreierlei konfrontiert: erstens mit denen, die vor ihm da waren (Vergangenheit), zweitens mit dem, was er selber ist (Gegenwart), und drittens mit seinem Leser/Hörer (Zukunft), der in der Regel alles auf einmal will: den realistischen Botenbericht, die Befriedigung seiner eigenen

Sehnsucht und die Prognose, die einem Schuldschein auf die Zukunft gleichkommt.

Es ist der dritte und letzte Punkt, der den Reiserucksack am schwersten macht, weil er den, der darüber berichten soll, ständig an die lästige Pflicht erinnert, die Welt nicht nur zu erleben, sondern auch zu erfassen, sie gewissermaßen dingfest zu machen und, auf eine vermeintliche Zukunft hin, neu zu konfigurieren. All das verbietet ihm, gegenwärtig zu sein, sich überraschen zu lassen, sich seinen Gefühlen hinzugeben, seiner Freude, seiner Angst und seiner Naivität.

Selbstverständlich reisen wir alle, egal in welcher Mission, immer und überall irgendwem und irgendwas hinterher: „Schreiben Sie das in Ihre Notizbücher, Gentlemen: Seit ich denke und schreiben kann, fahre ich einfach bloß mit. Aber ergänzen Sie auch, dass das keine geringe Aufgabe ist, dass mein Unwissen mich nicht unglücklich macht und dass ich, immer der Nase nach und die Nase immer nach vorn, in das Glück des Zufalls verliebt bin, dass ich auf alles vertraue, was mir reisend entgegenkommt [...]."

Doch wohin wir auch kommen, wir sind niemals die Ersten. Weshalb der Wettbewerb nicht in der Reise besteht, sondern im ständigen Schreiben und Erzählen darüber, im großen Tauschen der Bilder. Die Welt ist voller Reiseführer, echter und literarischer. Magellans Chronist Pigafetta (1492–1524), dem ich auf meiner Schiffsreise folgte, ist nur ein Beispiel dafür. Aber was lernen wir aus seiner Chronik, was verrät uns sein Text? Wozu eine Reise in die Vergangenheit, in einen für immer versiegelten Raum, der sich in Wahrheit nicht mehr betreten lässt? Denn die Vergangenheit ist vergangen, „[d]ie Ursprünge", schreiben die Historiker Michael Blatter und Valentin Groebner, „haben sich einfach in Leere verwandelt".

Jeder Versuch, diese ‚Leere' zu füllen und sich in die Vergangenheit ‚entführen' zu lassen, wie es Reiseführer so gern verheißen, scheitert mithin an der Gegenwart selbst, die noch weit schwerer zu fassen ist. Denn die Gegenwart ist der einzige grammatikalisch behauptete Raum, den es *de facto* gar nicht gibt. Sie ist die vage Schnittmenge aus gestern und morgen, die wir, reisend, lesend, erzählend und schreibend, immer wieder herzustellen versuchen.

Touristen und Reiseführer sind Großmeister dieses unklaren Fachs, begnadete Schattenboxer, Profis in Sachen historisches Streckbett, auf dem die Realität mit unseren Erwartungen auf Linie gebracht werden soll. Immer sind wir im Schatten von Vor-Bildern unterwegs, die wir niemals erreichen, die uns ihrerseits allerdings auch nicht erreichen, und falls gelegentlich doch, bestenfalls als Gespenster. Und doch sind es nach wie vor die Gespenster, Gespenster wie Pigafetta, genauer gesagt ihre Texte, an die ich mich halte, wenn ich mich selbst auf Reisen mache.

Auch hier folge ich, genau wie beim Schreiben, dem bereits erwähnten ‚Stellvertreterprinzip'. Ich bediene mich geliehener Masken, ich ziehe mir fremde Kleider an, ich hänge mich an alte Führer und Stimmen, um bekannten Routen und ausgetretenen Pfaden zu folgen, in anderen Worten: Ich bin kein Entdecker, ich bin unser aller Lieblingsfeind – der böse Tourist, der die Zeit nach seinen Wünschen einfrieren will. Aber die Zeit steht bekanntlich nur nachträglich still, tatsächlich läuft sie dahin, es gibt keinen ‚Zeitpunkt', auf den wir sie festnageln könnten. Auch wenn die Töne und Bilder, vermittels Direktübertragung, ständig und überall unter uns sind – Simultaneität bleibt Fiktion.

Das wussten die Chronisten der ersten Entdeckungsreisen schon damals. Das vage reisende ‚Lebensgefühl' interessierte sie nicht. Dafür hatten sie weder Sinn noch Zeit. Chronisten sind Lohnarbeiter, Berichterstatter, Auftragnehmer im Dienst einer höheren Ordnung, einer politischen Macht. Ihr Kommentar zur Welt nimmt die Welt in Besitz, er kürzt sie in der Erzählung zusammen und modelliert sie nach den Wünschen ihrer Auftraggeber. Inzwischen ist uns, den Privaten, den Künstlern, dieser Auftrag schon lange suspekt geworden. Freiheit gilt uns als höchstes Gut, jene Freiheit der subjektiven Betrachtung, die sich allerdings bei näherem Hinsehen als genauso suspekt erweist, als Illusion einer Welt, die sich, lesend, schreibend und reisend, ständig rasend verändert.

Prawda

„3668 IlfPetrow" heißt ein geheimnisvoller, von der sowjetischen Astronomin Ljudmila Georgijewna Karatschkina entdeckter Kleinplanet, getauft auf die Namen des Schriftstellerduos Ilja Ilf und Jewgeni Petrow, die in den dreißiger Jahren des langsam versinkenden letzten Jahrhunderts vier Monate lang im Auftrag der *Prawda*, kurz vor dem Höhepunkt des stalinistischen Terrors und während der *Great Depression,* unter der kundigen Führung eines baltisch-amerikanischen Ingenieurs die Vereinigten Staaten von Amerika in sechzig Tagen über zehntausend Meilen von Ost nach West und von West nach Ost bereisten.

Danach bestiegen sie ein Schiff, fuhren wieder nach Haus und schrieben ein Buch, das den schönen Titel *Das eingeschossige Amerika* trägt und tatsächlich erst jetzt, gut siebzig Jahre nach seinem Erscheinen, in deutscher Übersetzung zugänglich ist. Nebenbei ein Hinweis darauf, dass wir, jedenfalls was die Literatur betrifft, nach wie vor mit Zeitverschiebungen rechnen müssen. Was sich auf Flügen nach Übersee scheinbar in nichts auflöst, in den virtuellen Gewinn oder in den von Zeit, der in der Regel mit Schlaflosigkeit bezahlt werden muss, ist in der Literatur nach wie vor keine Selbstverständlichkeit. Reisende brauchen Geduld in Echtzeit, lesende Reisende brauchen sie doppelt. Doch Zeitverschiebung wirft einen Gewinn ab, dessen spezifisches Gewicht nicht unterschätzt werden sollte. Sie ist Hochsitz und Fernrohr, jene unverzichtbare zeitliche Abstandnahme, die uns erst ermöglicht, zu sehen, was vielleicht wirklich zu sehen war.

Das eingeschossige Amerika führt uns durch ein Amerika, das wir inzwischen tatsächlich zu kennen glauben und das sich zugleich Lichtjahre von uns entfernt hat. Was also liegt näher, als sich mit genau diesem Buch ein weiteres Mal auf Reisen zu machen, auf der Spur zweier Russen, die gewesen sind, was ich längst nicht mehr sein kann: Erstreisende, die sehr genau wussten, dass ihre erste Chance auch ihre letzte sein würde. Welcher Sowjetbürger kam damals schon nach Amerika? Und welchen Tribut mussten Ilf und Petrow dafür zahlen?

Wir wissen es nicht, aber wir können es ahnen. Und doch erweisen sich Ilf und Petrow, dem Druck der historischen Ereignisse zum Trotz, nicht als kalte Krieger und Propagandisten, sondern als Enthusiasten, als staunende wie neugierige Chronisten des Fortschritts und der Elektrifizierung. Aber es ist weder die Genauigkeit der Beobachtung und Bestandsaufnahme noch das wache photographische Auge, was die Qualität ihres Textes ausmacht; nicht das, was man landläufig ‚Reportage‘ nennt, sondern allem voran die Kraft der Verwandlung, die ihren Text auf überraschende Weise zu mehr, nämlich zu Literatur macht. Es ist einmal mehr die „präzisierende Hefe der Phantasie" (Hrabal), die die Dinge in ein erhellendes Licht taucht, heller als jede Reportage es könnte.

Denn wir haben es mit zwei Chronisten zu tun, denen auf erstaunliche Weise gelingt, sich von ihrem Auftrag zu lösen, um wenigstens kurzfristig zu sein, was sie in Wirklichkeit sind: Schriftsteller nämlich. Ich erwähne das deshalb, weil ich bis heute davon überzeugt bin, dass in jedem Chronisten, selbst dann, wenn er sich, weil sein Profil es verlangt, mit seinem Auftraggeber gemeinmachen muss, irgendwo doch noch ein

32

Schriftsteller steckt; dass selbst der einfachste Auftrag nebenbei zur Selbstdarstellung verführt, dass jene, die reisen und
schreiben, in wessen Auftrag auch immer, sich niemals ganz
von dem Drang befreien können, hin und wieder am Rand, in
einer winzigen Fußnote oder in einer Zeichnung, nebenbei von
sich selbst zu berichten, um ein Zeichen zu hinterlassen, das
ausschließlich auf sie selbst verweist, auf den Dienstmann, der
nur scheinbar keine eigene Stimme hat.

Eine Mutmaßung natürlich, allerdings grundiert von einer
Lektüre, die bei genauem Hinsehen beweist, dass Ironie weder
eine Erfindung der Romantik noch ein Privileg der Moderne
ist. (So wie Patchwork und Beliebigkeit keine Erfindungen der
Postmoderne sind.) In anderen Worten: Auftragstexte, egal wie
glatt sie auf den ersten Blick scheinen, sind so gut wie nie ohne
doppelten Boden, der seit jeher den Grund jedes Schreibens
ausbildet. Ein Tatbestand, der sich weniger dem Schreibenden
selbst offenbart als dem, der ihn liest.

Denn wer sich hinsetzt und schreibt, tut immer beides zu
gleich: Er verbirgt sich und zeigt sich. Und so entdecken wir in
dieser Beschreibung der ‚Neuen Welt‘ von 1936 zwei russi-
sche Schriftsteller, die aus einer ganz anderen ‚Neuen Welt‘
kommen, aus dem sowjetischen Imperium gegenüber, und die
uns, anders als in ihren Briefen (auf die ich später zurückkommen werde), nur höchst selten verraten, wie es ihnen unterwegs tatsächlich in diesem Land ergeht, das sie zum ersten
Mal bereisen, dessen Sprache sie keineswegs mächtig sind
(auch wenn sie das zu verbergen versuchen) und das sie glei-
chermaßen verwirrt und begeistert – und ihren Widerspruch
provoziert.

Ilf und Petrow kennen all diese Fallen nur zu gut, denn sie
kennen ihr Handwerk und beherrschen es mit Disziplin und
Bravour: Sie rutschen niemals ins Impressionistische ab, sie
behaupten sich durch die Beobachtung selbst. Sie nehmen

Distanz, ohne den Kontakt zu verlieren. Doch ein Narr, wer glaubt, Amerika zu sehen, wenn er mit Ilf und Petrow und ihrem persönlichen Reiseführer, dem oben erwähnten Ingenieur namens Trone (im Text in die so wunderbare wie unverwechselbare Figur des Mr. Adams verwandelt) und seiner amerikanischen Frau Florence (die mindestens ebenso wunderbare Mrs. Adams – die Einzige, die einen Führerschein hat!), die Vereinigten Staaten in einem kleinen, mausgrauen Ford west- und wieder ostwärts bereist.

Und ein noch größerer Narr, wer glaubt, hier Amerika nicht zu sehen, weil er glaubt, Amerika besser zu kennen als die ahnungslosen russischen Gäste. Hält sich doch bis heute hartnäckig die sonderbare Meinung, dass, wer zum ersten Mal ein Land bereise, sich darüber nicht äußern könne, weil der erste Blick keine Gültigkeit habe, weil er kindlich und unberufen sei, naiv von Erwartungen und Vorurteilen geprägt. Ständig will der vermeintliche Kenner den Erstbesucher korrigieren, belehren. Doch man unterschätze die Kraft des Vorurteils nicht, das uns gelegentlich wesentlich weiter bringt als jene diplomatisch politische Korrektheit, die den Verkehr miteinander unmöglich macht, weil sie uns den Blick aufeinander mit nichts als Höflichkeiten verstellt.

Denn entgegen allen Reden von Kennerschaft wiegt der erste Blick in der Regel mehr als der zweite, weil man im Vorüberfahren womöglich mehr als beim Anhalten sieht und hinterher mehr zu erzählen hat als alle selbstberufenen Zeugen zusammen. Der Gast sieht nun mal anders als der Gastgeber, die Konturen treten klarer hervor, gerade weil er als Gast nur auf der Durchreise ist und selten Zeit zu verlieren hat – das macht ihn, auf produktive Weise, unberechenbar frei für seine eigene Wahrheit, selbst da, wo sie der Selbstzensur unterliegt.

Ford Explorer

Im September 2015 bestieg ich einen roten Ford Explorer. Der Text, die Lektüre von Ilf und Petrow, hatte sich in den simplen Wunsch verwandelt, dieselbe Reise noch einmal zu machen, in eine so schlichte wie einfache Suchanzeige. Das liest sich in *Prawda* so: „Denn während ich schlief und noch glaubte zu träumen, ist meine Reiselust durch den Äther gewandert und hat sich in den Wunsch nach Gesellschaft verwandelt, in die Suche nach passenden Reisebegleitern. [...] Wanted: Deutsche Schriftstellerin auf der Suche nach einem russischen Kleinplaneten, sucht kundige fahrtüchtige Begleitung für eine Reise durch die USA in vierzig Tagen über zehntausend amerikanische Meilen von Ost nach West und zurück von Westen nach Osten. [...] Interessenten melden sich am zehnten September (7–8 a. m.) im Frühstücksraum des Newbury Guesthouse Boston oder bei Radio Goethe. Abfahrt verbindlich um 9 a. m. Wetterversprechen sonnig und warm. Erster Halt Sing Sing."

In Wirklichkeit sahen die Reisevorbereitungen allerdings etwas anders aus: Es brauchte ganze drei Jahre, bis Felicitas Hoppe, die Schriftstellerin, zusammen mit Alexej Meschtschanow und Jana Müller, zwei bildenden Künstlern aus Berlin, und Ulrike Rainer aus Wien, einer vor vierzig Jahren eingewanderten Professorin am Dartmouth College (New Hampshire), die ohne zu zögern bereit war, die Rolle von Mr. Adams zu übernehmen, tatsächlich den roten Ford bestieg.

Aber wir sind nicht zu viert, wir sind zu sechst unterwegs, denn Ilf und Petrow sitzen mit im Boot. Und jetzt geschieht, nachreisend, etwas so Simples wie Sonderbares: Das Buch, das ich bereits zweimal gelesen habe, lese ich nun ein drittes Mal. Doch diesmal liest es sich vollkommen anders, denn zum ersten Mal zieht draußen wirklich vorbei, was ich drinnen zum wiederholten Mal lese. Eine Erfahrung, die man nur selten macht: Die Zeit zwischen Relektüre und Erlebnis scheint kurzfristig magisch aufgehoben, es herrscht scheinbare Simultaneität, was nicht nur den Blick aus dem Fenster verändert, sondern vor allem den Blick auf den Text, der sich, je länger wir fahren, umso mehr verwandelt, weil er eine eigene neue Dynamik entwickelt. Die Reise im Buch verwandelt sich in Stimmung und Stimmen, sobald ich, teilweise laut, daraus rezitiere. Alles bekommt eine neue Kontur, eine neue Bedeutung. Im Versuch des ständigen Abgleichs bebildert sich der Text nicht mehr von innen her, sondern von außen, ein Vergnügen, das sich, Meile für Meile, allmählich in Erkenntnis verwandelt.

Denn während ich reisend laut lese, kommen wir dem Text auf die Schliche und damit denen, die ihn geschrieben haben. Wir lernen sie kennen, sie und ihr Handwerk, ihren Willen zur konsistenten Erzählung in einer inkonsistenten Wirklichkeit, ihre literarische Manipulation, die kleinen Fehler, die keine Fehler sind, sondern Korrekturen der Wahrnehmung, also bewusste Gestaltung; all die sachdienlichen kleinen Lücken und Ritzen, die der Nachreisende plötzlich zu füllen versucht, um die Vorlage mit dem, was draußen vorüberzieht und nicht selten so wenig Ähnlichkeit aufweist, irgendwie doch noch zur Deckung zu bringen.

Allem voran mit der Rhetorik der ungedeckten Behauptung. So zum Beispiel in den immer wiederkehrenden Gesprächen mit Trampern, deren Lebensgeschichten Ilf und Petrow seitenlang rapportieren, obwohl sie doch gar kein Englisch können. Übersetzt von Mr. Trone oder ehrlich erfunden? Aber das spielt keine Rolle, denn wovon auch immer die Rede ist, wir lernen ihre eigenen Vor-Bilder kennen, die sie aus Russland mitgebracht haben. Denn es geht längst nicht mehr um die Außenwelt, um den Abgleich der Fakten zwischen früher und heute, zwischen Osten und Westen. Es geht um die Innenwelt der Autoren, um ihre eigene Stimmung, von der explizit niemals die Rede ist: kein Ton der Klage, kein Wort der Kritik an ihrem ständig dozierenden Reiseführer (Mr. Adams); ganz zu schweigen von ihrem Auftraggeber – der *Prawda*.

Doch für jeden, der zu lesen versteht, steht zwischen den Zeilen, was jeder Reisende kennt, der länger als ein paar Tage unterwegs ist: der trotz wachsender Faszination höchst ermüdende Auftrag. Er kostet Kraft, die Disziplin lässt nach und die Spannungen wachsen, sie verlangen nach Kompensation und immer neuer Stimulation. Dabei stellen sich jene Routinen ein, die notwendig sind, um die Fülle der Bilder zu verkraften. Weshalb es nicht selten das scheinbar Bekannte ist, das die Lust an der nachreisenden Lektüre erhöht, der alte Effekt der Wiedererkennung, die beinahe kindliche Freude darüber, dass das meiste tatsächlich immer noch da ist, auch wenn die Infrastruktur sich verändert hat.

Wir fahren auf anderen Straßen (wesentlich schneller), der Service ist anders (wir tanken selbst), wir lesen längst keine Karten mehr, weil wir ein Navigationsgerät (namens Becky) haben, wir zahlen bargeldlos und schlafen in Betten, die von neuen Wirten bewirtschaftet werden (und darum nicht weniger schäbig sind), und wir essen anders (nicht weniger schlecht). Aber immer noch sind wir genauso glücklich, sobald wir die großen Städte verlassen (für die die Zeit sowieso viel zu kurz ist), um in den kleinen, niedrigen Städten zu landen, im eingeschossigen Amerika.

Bis wir endlich in der Natur verschwinden, die inzwischen längst Landschaft geworden ist, bewohnbar, verfügbar, doch noch genauso erscheint wie vor achtzig Jahren und auch in achtzig Jahren noch da sein wird: die Canyons, die Wüste, das Urgestein und, zu beiden Seiten, das Meer, während die Grenzen sich weiterhin ständig verschieben – wer weiß schon, wo morgen Mexiko liegt.

Ich erwähne das alles vor allem deshalb, weil es die scheinbar unbewohnten Landschaften sind, in denen die ironische

Stimme von Ilf und Petrow plötzlich verstummt. Nicht dass sie auf einmal pathetisch würden – das ist und bleibt ihnen fremd. Doch sie lieben das Große, die natürliche und die technische Größe. Weshalb es nicht nur die Landschaften sind, die sie erheben, begeistern; es ist vor allem der Fortschritt der Technik, die Unterwerfung der Natur durch den Menschen, es sind die Gruben und Minen, Staudämme und Brücken, die gebändigten Flüsse. Es sind die Maschinen und der unverbrüchliche Glaube daran, dass der Mensch sich in der Welt wirklich einrichten kann. Und dass, wer reist, nicht nur etwas erleben kann, sondern dabei unaufhörlich lernt.

Es ist der Glaube an die Produktivität, an den unermüdlichen menschlichen Fleiß, der Ilf und Petrow immer wieder beeindruckt und nebenbei auch jenes Auto hervorgebracht hat, in dem wir jetzt sitzen, jenen phantastischen Ford Explorer, der nicht mehr grau, sondern rot ist und einen Komfort aufweist, von dem Ilf und Petrow nicht einmal zu träumen wagten: in alle Richtungen verstellbare Sitze, Heizung und Klimaanlage, CD-Spieler, Radio rund um die Uhr, ein Cockpit mit allen Schikanen. Einzig fehlend: ein Aschenbecher. Stattdessen ein Warnsystem, das uns auf immer entmündigt, weil es uns jedes Hindernis, das uns auf der Reise womöglich begegnen könnte, schon meilenweit im Voraus anzeigt. Für immer Schluss mit den alten Rotkäppchenreisen, kein Abweg, kein Wolf.

Museen
Womit wir endlich in der Gegenwart sind und bei dem, was uns trennt von Ilf und Petrow, bei jenem kleinen feinen Unterschied, den wir spätestens dann bemerken, wenn wir in Silicon Valley sind, im Tal von Facebook und Google, in jener riesigen Schnittmenge mit der Zukunft, in der es überhaupt nichts zu sehen gibt, weder Paläste noch Brücken noch Dämme, nichts als ein paar unscheinbare Bungalows, Kaderschmieden

der Zukunft, in denen der menschliche Fleiß lautlos damit beschäftigt ist, die Technik für immer unsichtbar und geschmeidig zu machen.

Wir sind online, vernetzt, wir sind in Kontakt, wir sind überall und nirgends zugleich, wir können nicht mehr verloren gehen, höchstens uns selbst. WLAN heißt die Parole, wenn wir nach einem Motel Ausschau halten. Wir sind mit der ganzen Welt in Verbindung, obwohl wir in einem Panzer sitzen, in einem Ford Explorer, in dem, die Notsitze eingerechnet, jederzeit Platz für acht Reisende wäre. Nur dass niemand zusteigt – Trampen verboten. Und so kehre ich auf dieser Reise auf überraschende Weise zum Anfang zurück, in die Welt meiner Kindheit, als schreibende Stubenhockerin im geschlossenen Raum der Geschichten und Bilder, der alles enthält, was ich wissen muss und erfahren könnte. Die Außenwelt spielt keine Rolle mehr.

Doch jeder gesteigerte Innenraum erzeugt einen phantastischen Außenraum. Denn je länger wir unterwegs sind, umso mehr wird uns klar, dass wir keine *explorer*, sondern Gefangene sind, nicht nur die der Geschichte von Ilf und Petrow, sondern auch die unserer eigenen Geschichte. Aber es ist nicht der Pakt mit den Russen, der uns fesselt und bindet, es sind wir selbst. Unser Ford hat sich in ein Büro verwandelt, in ein ferngesteuertes Reisebüro, in dem wir inzwischen wie Buchhalter leben, die Tag und Nacht ihre Bilanzen bebildern und mit kleinen Texten versehen, um sie zurück nach draußen zu schicken, ständig auf Empfang und auf Sendung, in einer Welt, die vermutlich auf alles wartet, nur nicht auf unsere Bilder und Texte.

Wozu dieser Aufwand? Wozu die mitreisende Webseite, unser Archiv, das den Betrachter, sofern es ihn überhaupt gibt, in eine Welt entführt, die ihn vermutlich nur an das erinnert, was er glaubt, längst gesehen zu haben? Jeden Tag bekomme ich Post, das große Tauschen der Texte, Bilder und Töne, das

Angebot alternativer Routen, jeden Tag neue Filme und Links. Plötzlich sind sie also doch wieder da, die Tramper von gestern, nur dass sie nicht mehr am Straßenrand stehen, sondern im Netz. So viel Mitreise war nie! Bis sich auch hier eine leise Erschöpfung breitmacht, der alte Überdruss am Kommentar, die Ermüdung am „Dabeisein ist alles". Denn aller Bedeutung zum Trotz, die wir der großen Reise geben, gibt es da draußen noch eine andere Welt, die ihren eigenen Geschäften nachgeht. Hat man das einmal erkannt, könnte man endlich tatsächlich frei sein. Frei vom Zeugnis, frei von der Nachricht, frei von Ilf und Petrow und – endlich – auch frei für Amerika. Kurzfristig würde die Gegenwart herrschen, jener kurze Moment des Glücks, der sich nur literarisch festhalten lässt. Was allerdings nur selten geschieht und hier nicht weiter ausgeführt wird, weil im Hörsaal Erkenntnis gefragt ist. Hier ist sie: Der Tourist ist schon seiner Natur nach nicht frei, denn er wird ständig von seiner Erwartung gefoppt, weil er, gleichfalls vernetzt, seiner Reise bereits um Längen voraus ist.

Denn: „Es kommt nicht darauf an, dass Sie Amerika entdecken, sondern dass Amerika Sie entdeckt", schrieben Ilf und Petrow schon vor achtzig Jahren. Und Amerika hat uns längst entdeckt. Vermutlich war es, genauso wenig wie Russland, niemals Gegenstand unserer Betrachtung, sondern immer nur Spiegel unserer Wünsche und Träume, all die Verwünschungen eingeschlossen, die sich in jenen tausend Museen spiegeln, die, wie die Nachreise einmal mehr beweist, jenseits der großen Metropolen besonders üppige Blüten treiben.

Vor allem dort, wo man bis heute so tut, als wäre die Zeit einfach stehen geblieben. Wie zum Beispiel in Springfield (Illinois), wo Abraham Lincoln in einem Wachsfigurenkabinett immer noch damit beschäftigt ist, das Land von der Sklaverei zu befreien, während Tom Sawyer in Hannibal (Missouri) immer noch ein und denselben Zaun streicht, so wie ein gewisser

Max Factor in Hollywood immer noch damit beschäftigt ist, den ersten Lippenstift zu erfinden.

Reisen, nicht nur durch Amerika, ist Rollenspiel, Freilichtkino in Echtzeit: Der Indianer spielt den Indianer, der Cowboy den Cowboy, der Schwarze den Schwarzen. Alle spielen, was sie angeblich sind. Die große Nacherzählung der Identitäten, von der schon letzte Woche die Rede war und von der niemand weiß, was das wirklich ist. Woher kommen wir, wohin gehen wir? Eine Frage, auf die der Tourist keine Antwort weiß, weil auch er den Touristen nur spielt, der, wohin er auch kommt, angeblich immer zum ersten Mal da ist. Der alte Pakt mit der Illusion.

Ein Narr allerdings, wer glaubt, vor achtzig Jahren sei das womöglich anders gewesen. Auch Ilf und Petrow waren Rollenspieler, genau wie Mr. und Mrs. Adams, in einem Land, in dem Schauspieler Präsidenten werden und Präsidenten Schauspieler sind, auf einer politischen Bühne. Aber das wäre ein anderer Vortrag, der davon erzählen müsste, wie vier Europäer, aus einer gut finanzierten Laune heraus, eine winzige reisende Schnittmenge bilden zwischen zwei alten Imperien, die ihren Kalten Krieg, wie die Gegenwart zeigt, offenbar nur auf Eis gelegt haben. Allem Fortschritt zum Trotz, die Feindbilder sind dieselben geblieben. Die Nachreise mit Ilf und Petrow ist nicht nostalgisch, sondern höchst aktuell, genau wie die uralte Idee der Vernetzung.

Briefe

Denn Kommunikation, die Verfügbarkeit von Informationen und Daten, ist keine Erfindung höflicher Nerds aus der bewässerten Wüste des Siliziumtals. Auch Ilf und Petrow waren vernetzt, stets auf dem Posten, immer und überall auf Nachrichten aus. Es ist einzig die erwähnte Zeitverschiebung, die den Eindruck erweckt, sie wären unabhängig, womöglich gelassen gewesen. Wie wenig dies tatsächlich der Fall war, beweisen die zahlreichen Briefe und Telegramme, die ihre Reise flankieren und die wir glücklicherweise einsehen können: Briefe an ihre Frauen und Kinder, an ihre Verleger, an *Prawda,* die den Reisebericht in ein anderes Licht tauchen.

Hier sind sie unvermutet privat: „Liebes Töchterlein, jetzt ist schon Abend, und wir sind irgendwo mitten im Ozean […]. Die Passagiere sind irgendwie trübsinnig, liegen, lesen und denken nach. […] Der Ozean ist leer. […] Liebes Töchterlein, die Normandie nimmt fünf Briefe von mir an Dich und Saschenka mit zurück. Ich küsse euch beide vielmals. Erwarte Deine Telegramme und Briefe. Heute kommen wir in New York an. Ich wünsche mir sehr, dass ich dort ein Telegramm von Dir vorfinde. […] Mein liebes Töchterlein, ich wollte Dir schon gestern schreiben, aber wir haben erst um fünf Uhr angelegt. Dann mussten alle möglichen Formalitäten erledigt werden. […] Ich bin eineinhalb Stunden lang spazieren gegangen und war von den Eindrücken einfach überwältigt. […] Mein liebes Töchterlein, ich hätte Euch schon gestern Abend schreiben sollen, bin aber lange umher gelaufen und dann nicht mehr dazu gekommen. […] Liebe Freundin, mir gefällt meine neue Handschrift. Ich muss mich in Moskau irgendwie schütteln lassen, sonst verschwinden diese angenehm zittrigen greisenhaften Buchstaben wieder. […] Ja, und der Fahrstuhl ging gestern auch nicht. […] Ich warte auf einen Brief von Dir. Schreibe, vor allem telegrafiere so oft wie möglich. […] Wir haben eine wunderbare Schreibmaschine gekauft, auf der ich jetzt langsam und würdevoll tippe."

Langsam und würdevoll ist in diesen Briefen, die eine deutliche Linie zwischen Bericht und persönlicher Mitteilung ziehen, gar nichts. In Hoppes Reiseblog haben sich diese Kategorien längst ineinander aufgelöst: Dort hat das Private scheinbar Informationswert, weil auch das Private längst Information ist.

Doch die Privatheit, wo sie wirklich privat ist, hat ihren eigenen Zauber, der erst in der Zeitverschiebung seine Wirkung entfaltet, in jenen Briefen, die gemessen an Alltag und Gegenwart auf so schöne wie traurige Weise immer zu spät kommen: „Jetzt mache ich Schluss. Ich liebe Dich sehr, küsse Dich und unsere liebe Saschenka. Schreib mir, sooft Du kannst. Auf Wiedersehen, meine Teure. Lass es Dir gut gehen und sorge Dich nicht. Ich pass schon auf mich auf, tue Du das Gleiche. Ich habe nur Dich und Saschenka auf der Welt."

Jeder liebende Mensch träumt von Gleichzeitigkeit. Doch es ist die Nähe durch Abwesenheit, die, jenseits des Reiseberichts, die Briefe der beiden Russen grundiert. In anderen Worten: die Sehnsucht nach denen, die wir zurücklassen müssen, sobald wir tatsächlich unterwegs sind. Nichts, was sich ernsthaft bewältigen ließe, sondern eine *conditio sine qua non* für jeden, der sich auf Reisen begibt. Was auch immer der menschliche Geist erfindet: Wer reist, ist nicht da, sondern weg, kurzfristig fern und ausgewandert. Kein Botenbericht, keine SMS kommt für unsere Abwesenheit auf.

Und doch ist es einzig die Abwesenheit, die uns sagt, was wir entbehren und was wir empfinden. Sie ist der Motor aller Geschäfte, der Liebes- wie der Warengeschäfte. Sie ist es, die uns zu Erfindern macht. Sie hat das Fernrohr und den Hochsitz erfunden, den Brief, das Telefon, das Telegramm; und, natürlich, das Internet. Und, *last but not least*, die Literatur, die schon seit Jahrtausenden damit beschäftigt ist, unsere Abwesenheit in Anwesenheit zurückzuverwandeln.

Weshalb zum Schluss ein Versprechen erfüllt werden muss, das ich in der ersten Vorlesung gegeben habe. Ich versprach, eine Geschichte zu Ende zu bringen, die mit Hoppe in *Hoppe* beginnt, mit einer Reise nach Kanada. Womit ich beim Wolf und dem Abweg bin, der auf Nachreisen eigentlich nicht erlaubt ist. Aber nach der Erfindung von Hoppes kanadischer

Kindheit in Brantford ist eine Reise nach Nordamerika ohne einen Abstecher nach Ontario nicht mehr zu denken. Denn niemand reist ungestraft an seiner erfundenen Kindheit vorbei, auch wenn sie nicht auf der Strecke liegt. Und so ist es gekommen, dass wir ganze zwei Tage aus dem Plansoll des Kalenders geschnitten haben, um nach Kanada auszuweichen. Wir haben die Einladung des Bürgermeisters von Brantford angenommen, mit ihm gegessen, getrunken und seinen Geschichten gelauscht, die davon erzählen, wie gut es (tatsächlich) in Kanada ist, weil wir hier nicht in Amerika sind. Momente des Abgleichs zwischen Wirklichkeit und Erfindung. Zwischen einem Mann, der die politische Bühne bespielt, und seinem Gast, der auf immer dazu verdammt ist, wohin er auch kommt, Tourist in seiner erfundenen Kindheit zu sein.

Am zweiten Abend gab es ein großes Fest, die ganze Mannschaft war geladen, alle, die mit Wayne übers Eis gereist sind, über den dünnen Boden der Auswanderung, die nach immer neuen Geschichten verlangt, mit denen wir niemals ans Ende kommen. Wobei die Veranstaltung alles andere als sentimental war, sie war, im Gegenteil, so klar wie der Schnaps, den wir tranken, also höchst realistisch. Und brachte, für eine sehr kurze Nacht, endlich die Gegenwart auf den Punkt.

Am nächsten Morgen stieg ich, noch immer betrunken, in den Keller der alten Trophäen hinunter, in dem Walter alles gesammelt hat, was seinen Sohn für immer großmachen soll: den ersten Schläger, den ersten Puck. Und zwei Zähne aus der vorderen Front, die wir einbüßen, sobald wir siegen wollen. Eine Reise in Echtzeit, mit allen Risiken und Nebenwirkungen für den, der sich nachreisend auf den Weg gemacht hat, seine Fiktion mit der Wirklichkeit abzugleichen und damit gegen jedes Gesetz der Fiktion zu verstoßen: Versuche niemals, mit denen, die du glaubst, erfunden zu haben, in einen persönlichen Kontakt zu treten!

44

Warum erwähne ich das? Weil Ilf und Petrow, genau wie die Gretzkys, der Ukraine entsprungen sind. Und weil sie, wie zeitverschoben auch immer, genau wie ich einem Traum hinterhergereist sind, der sich umso weniger erfüllen lässt, je mehr ihn die Realität bebildert, mit echten Menschen und echten Bürgermeistern und mit den Vorbildern zeitverschobener Siege, die wir niemals einfahren werden. Den Wunsch danach werden sie trotzdem nicht los. Denn Reisen macht nun mal, seiner Natur nach, selbst Chronisten sentimental. Das hat vermutlich mit der Zeitverschiebung zu tun. Denn wären wir wirklich gleichauf mit der Zeit, dann würden unsere Gefühle verschwinden und dann würden wir auch keine Schätze mehr suchen. Wehe dem also, der tatsächlich versucht, die Füße auf unseren Schreibtisch zu legen! Denn wir sind noch lange nicht in Amerika. Schreiben Sie das in Ihre Notizbücher, Gentlemen!

Anmerkungen

S. 27 Felicitas Hoppe, *Prawda. Eine amerikanische Reise,* Frankfurt am Main, 2018, S. 11.

S. 27–28 Ebd., S. 11 f.

S. 28 Ebd., S. 12.

S. 28 Ebd., S. 12 f.

S. 29 Ebd., S. 20.

S. 29 Michael Blatter, Valentin Groebner, *Wilhelm Tell. Import – Export. Ein Held unterwegs,* Baden, 2016, S. 99.

S. 31 Ilja Ilf, Jewgeni Petrow, *Das eingeschossige Amerika. Eine Reise,* übers. v. Helmut Ettinger, Frankfurt am Main, 2011.

S. 35 Felicitas Hoppe, *Prawda. Eine amerikanische Reise,* Frankfurt am Main, 2018, S. 20 f.

S. 40 Ilja Ilf, Jewgeni Petrow, *Beziehungen sind alles. Erzählungen und Feuilletons, hg. v.* Gerhard Schaumann, Berlin, 1980, S. 89.

S. 42 Ilja Ilf, Jewgeni Petrow, *Das eingeschossige Amerika. Eine Reise,* übers. v. Helmut Ettinger, Frankfurt am Main, 2011, S. 541.

S. 43 Ebd.

Und jetzt darf endlich der Held auf die Bühne: Über Werkstatt- und Frauenarbeit

Schätze

„Sicher ist nur, dass es eine Zeit gab, da gehörten alle Schätze der Welt einer Frau. Bis sie sich, ihrer überdrüssig, eines Tages auf- und davon-machten, sich an verschiedenen Orten versteckten und die Zauberer aller Länder bezahlten, um verzaubert und nicht gefunden zu werden. Wird der Zauber aber eines Tages gelöst, verwandelt sich der Schatz in natürliches Gold und kann nach Hause getragen werden. Dort allerdings muss er gefüttert werden, sonst zerfällt er zu Asche oder wird jedenfalls krank oder entwischt und stellt sich am Wegrand auf, um sich seine Nahrung selbst zu erbetteln. Oder wird Söldner, zieht in den Krieg, verliert ein Bein und erscheint hässlich hinkend auf der nächstbesten Hochzeit, versetzt Braut und Gäste in Angst und Schrecken, trinkt, bis er ziemlich redselig wird, und verrät, er sei in Wahrheit ein Schatz und seine Knochen aus purem Gold."

So der Beginn des Manuskripts zu einem weiteren Roman von Felicitas Hoppe mit dem Arbeitstitel *Der letzte Schatz*, der sich noch in der Werkstatt der Autorin befindet. Auch er ist, was sonst, eine „Nachreise", die allerdings nicht achtzig, sondern nicht weniger als knapp tausend Jahre zurückgeht; eine Nacherzählung der Geschichte der *Nibelungen*, die unzählige andere vor mir nacherzählt haben, auf je andere Weise, und mit der trotzdem kaum jemand ernsthaft vertraut ist, obwohl sie seit geraumer Zeit wieder groß Konjunktur hat, nicht zuletzt aus aktuellen politischen Gründen, auf die ich weiter unten zurückkommen werde.

Natürlich, wir kennen sie alle, die großen und weniger großen Helden, wenigstens ihren Namen nach: Siegfried und Kriemhild, Brunhild und Gunther, seine Brüder Gernot und Giselher, und, allen voran, Hagen, den vermeintlich dunkelsten Drahtzieher einer insgesamt ziemlich dunklen Geschichte. Und wir glauben zu wissen, worum es geht: um Ruhm und Ehre, um Mord und Totschlag, um große Liebe und ihren Verrat, um Treue bis in den Untergang. Und irgendwo, sagt die Erinnerung, kommen auch noch Drachen und Zwerge ins Spiel; und wo Drachen und Zwerge sind, verbirgt sich in der Regel, was sonst, ein Schatz. Jener Schatz, von dem ich behaupte, dass er der wahre Protagonist der Geschichte ist.

Eine auf den ersten Blick überraschende Lesart, denn als Leser sind wir gern in Plots unterwegs; wir orientieren uns an handelnden Helden, nicht an Schätzen, Dingen und Requisiten. Und doch sind nicht selten sie der heimliche Held, der treibende Motor, sie sind es, die Glück oder Unglück bringen, sie sind die Zeichenträger jeder Geschichte, Träger von Schicksalen, auf die unsere Helden in der Regel weit weniger Einfluss haben, als sie glauben. Denn genau wie wir glauben auch sie allzu gern daran, die Dinge meistens ‚im Griff' zu haben.

Dabei haben die Dinge uns im Griff, meistens fester, als uns lieb ist. Denn die Dinge brauchen uns nicht, wir sind es, die die Dinge brauchen; manche von ihnen werden noch da sein, wenn es uns selbst schon längst nicht mehr gibt. Und sie treiben ein seltsames Spiel mit uns, denn „das Schatzwesen ist unberechenbar, mit eigenem Willen und Gedächtnis begabt, flüchtig und wechselhaft. […] Der Schatz hat nämlich seinen eigenen Kopf, seine eigene Art, Geschäfte zu machen, mit der man nur mühsam ins Gespräch kommt. Und leider die Neigung, sich ständig zu trennen, sich unablässig weiter zu teilen, also überall und nirgends zu sein."

Kein Wunder also, dass sich in Hoppes Text der Schatz längst in ein lebendiges Wesen verwandelt hat, das mühelos die Lager wechselt und jederzeit in der Lage ist, höchst unterschiedliche Rollen zu spielen. Denn Lebendigkeit heißt Beweglichkeit; die Schätze liegen nicht einfach herum und warten darauf, endlich gehoben zu werden, sondern sie gehen ständig auf Wanderschaft, wie zahlreiche Fabeln und Mythen beweisen. Weshalb es kaum überrascht, dass Hagen mit allen Mitteln versucht, den gefährlichen Schatz der Nibelungen für immer dingfest zu machen; wo der Schatz ist, da ist auch die Macht. Nicht Siegfried, sondern der Schatz ist sein Gegner, sein zeichenhaft sichtbarer innerer Feind, jene wertvolle, nur scheinbar unbewegliche Masse, die die Dinge unaufhörlich in Bewegung hält und sie unberechenbar macht; flüssiges Gold, Liquidität. Er lässt sich weder heben noch fassen, weshalb Hagen ihn folgerichtig versenken muss.

Nur dass der Schatz damit keineswegs aus der Welt ist. Er liegt auch nicht auf dem Grund des Rheins, wie all die Schiffsladungen voller Touristen glauben, die bis heute immer noch nach ihm fischen und fahnden, denn er ist schlicht und einfach weitergewandert, genau wie jene Geschichte, die von ihm erzählt. Und doch tut Hagen bis zum letzten Atemzug so, als wüsste er mehr als wir. Bis zum Schluss behält er ein Geheimnis für sich, das er, genau genommen, nicht hat: „Gebt Ihr mir wieder, was Ihr mir genommen habt", so Kriemhilds Stimme im Original, bevor sie ihren eigenen Bruder köpft, „dann könnt Ihr noch lebendig nach Hause kommen". Doch lässt Hagen sich, auch nach dem Tod seines Königs, auf das Geschäft nicht ein: „Wo der Schatz liegt, weiß niemand außer Gott und mir. Er wird dir, Teufelin, immer verborgen sein." Und Kriemhild „hob ihm den Kopf und schlug ihn ab".

So stirbt mit großer und männlich dramatischer Geste der herrliche Schatzmeister Hagen. Doch nicht der Meister des Schatzes. Denn Hagen stirbt nicht unter der Hand eines Mannes (im Kampf mit Männern ist Hagen unsterblich), sondern von der Hand einer Frau, unter der Hand der wahren Schatzmeisterin, die sich dabei des Schwertes eines Mannes bedient. Natürlich ist es das Schwert von Siegfried: „Das trug mein Geliebter beim letzten Mal, als ich ihn sah." Dabei ist nicht ganz sicher, und das ist wichtig, um wen es am Ende wirklich geht – um den Geliebten oder doch um den Schatz. Schatz und Geliebter fallen in eins, womit wir wieder beim Anfang wären, in jener herrlichen goldenen Zeit, in der „alle Schätze der Welt einer Frau" gehörten.

Soviel ist klar: Der Schatz gehört Kriemhild. Er ist und bleibt ihre Hochzeits- und Morgengabe, auch dann noch, wenn er abhanden kommt. Selbst im Angesicht ihres nahenden Todes bleibt Kriemhild auf erstaunliche Weise eine so kühle wie kühne Geschäftsfrau der Liebe, die sehr genau weiß, was ihr zusteht und was ihr gehört. Sie kämpft bis zum letzten Atemzug um das Einzige, was ihr geblieben ist, um jene reiche Ressource, die die kurze Liebe ihr hinterlassen hat – in anderen Worten: Sie kämpft um jenes *natürliche Gold*, in das Siegfried sich nach seinem Tod verwandelt.

Das wird in der Mehrheit der Nacherzählungen gern mit romantischer Liebe verwechselt, mit einer ins fast Perverse gesteigerten Form von Trauer und Treue. Weshalb es sich lohnt, daran zu erinnern, wie alles begann, nämlich, wie so oft in der Literatur, mit einem Traum, der die ganze Geschichte vorwegnimmt: Kriemhild träumt, „daß sie einen Falken zähmte, einen starken, schönen, wilden, den ihr vor ihren Augen zwei Adler zerrissen". Daraus zieht Kriemhild für ihre Zukunft als Frau einen Schluss, der alles andere als romantisch ist: „Niemals will ich einen Helden lieben. Schön, wie ich bin, will ich mein Lebtag bleiben und niemals durch die Liebe zu einem Mann ins Unglück kommen."

Doch es kommt, wie wir wissen, anders. Am burgundischen Hof taucht ein als Held verkleideter Schatz aus den Niederlanden auf, für den das Publikum, um es mit Hoppes Worten zu sagen, bereits „auf Jahre im Voraus bezahlt hat". Und Hoppe fährt fort: „Der Jubel ist groß, man erkennt ihn sofort [...], denn der Held ist nicht Held, weil er groß ist, sondern weil er ein Schwert trägt, das alle erkennen. Er muss gar nicht kämpfen. Selbstredend wächst er über sich selbst hinaus, als wäre der Hof ihm zu klein und die Welt viel zu schmächtig. Man sieht ihm förmlich beim Wachsen zu und wie sein Haar dabei immer heller wird, bis es sich, jetzt schon beinahe blond, vor lauter Eifer und Tatkraft, Stufe für Stufe zum Dom hinauf, in steile goldene Locken legt. Dazu passend die Augen, Drachenaugen, tiefblau das eine, hellgrün das andere, fast so grün wie sein Jagdkostüm, eindeutig Sohn eines Königs aus Xanten,"

Spätestens jetzt ist Kriemhild verliebt. Aber es soll noch ein ganzes Jahr dauern, bis sie dem merkwürdig magischen Helden tatsächlich Auge in Auge gegenübersteht. Und doch hat sie längst, ganz nach Frauenart, begonnen zu spinnen, sie spinnt das Stroh ihrer Phantasie zu Gold und steigert sich in einen Helden hinein, von dem sie längst ahnt, dass er ihre Wünsche nach Glück nicht erfüllen wird, sondern unsere Wünsche nach Drama. Wir kennen die Bedeutung literarischer Träume, die Sache geht, bekanntlich, nicht gut aus: Siegfried muss den Heldentod sterben.

Doch kommen wir auf die Frauen zurück, auf jene nur scheinbar bescheidene Rolle, die ihnen in der Erzählung zufällt. In Wahrheit bilden sie, und zwar vom ersten bis zum letzten Satz, den Mittelpunkt der Erzählung. Denn was ist ein Held ohne die passende Frau, für wen soll er kämpfen, wenn nicht für sie, für wen oder was sich in die Waagschale werfen? Für wen hätte er den Drachen erschlagen und für wen sich an einen Hof begeben, um dort jenen hochstaplerischen Wind zu erzeugen, der ihn am Ende als Brautwerber Gunthers nach Island führt?

Damit kommt jene zweite Frau ins Spiel, die, nicht anders als Kriemhild, allerdings mit völlig anderen Mitteln, seit jeher versucht, sich ihre Brautwerber für immer vom Leib zu halten. Die Rede ist, natürlich, von Brunhild, die allerdings nicht von Falken träumt, sondern selber ein Falke ist, besser gesagt, zwei Adler auf einmal, die alle Brautwerber in der Luft zerreißen. Brunhild spinnt nicht, sie handelt, sie macht Beute auf Köpfe, auf jene begehrten Häupter von Helden, die die höfisch gezähmte Kriemhild erst ganz zum Schluss abschlagen darf. Denn Brunhild lebt nicht bei Hof, sie selbst ist der Hof, sie ist ihre eigene Königin, sie regiert sich selbst, sie bedarf keines Mannes, der sie in das Amt der Herrschaft einführen müsste.

Ihre von Sehnsucht grundierte Verweigerung ist dabei durch und durch sportlich: Sie fordert ihre Werber zum Wettkampf heraus. Und auch sie betreibt ein Geschäft, doch sie handelt mit anderen Mitteln, sie zahlt mit anderer Münze, in einer anderen Währung: Ihr makaberer Brautschatz besteht nicht in beweglichem Gold, sondern aus Köpfen, für die es von alters her keinen Tauschwert gibt. Wer seinen Kopf verliert, kann nicht mehr handeln. Köpfe sind keine Zahlungsmittel, sondern Trophäen. Wer also kann ernsthaft nach Isenstein wollen?

Aber, um weiter mit Hoppe zu reden: „Sie müssen ja wollen, weil Gunther will, denn Gunther ist König, und sein Wunsch ist Befehl, der Befehl eines Willens, der darauf aus ist, eine Geschichte zu schreiben, der selbst Siegfried sich beugen muss, weil Siegfried die Schwester des Königs will. Selbst wenn man dem König ein Opernglas gäbe oder kurzfristig Hagens Weitsicht liehe, damit der König schon aus der Ferne sieht, was in der Ferne auf ihn zukommt, kein Traum, sondern eine kahle Insel, ganz ohne Farbe und ohne Natur, mit einer steil in den Himmel ragenden Burg, deren Zinnen mit Königsköpfen geschmückt sind, lauter Köpfe, die längst keine Kronen mehr tragen, leblos wie ausgestopfte Falken, ohne Waffen und Flügel, wäre von Umkehr keine Rede."

Schneiderstrophen
Denn auch die Reise nach Island ist ein Geschäft, genauer gesagt, ein Tauschgeschäft zwischen zwei Männern, die sich gegenseitig auf zwei Frauen verpflichten. Wie du mir, so ich dir: Gewinnst du mir Brunhild, geb ich dir Kriemhild. Die Rechnung geht aber nur kurzfristig auf, nicht nur, weil sie den Stempel des Betrugs trägt, jene Tarnkappe nämlich, unter der Siegfried für Gunther einen Kampf gewinnt, den Gunther ohne ihn mit dem Tod bezahlt hätte, sondern weil sie, ganz nebenbei, auch von dem hoffnungslosen Versuch erzählt, zwei Welten in Einklang zu bringen, die nicht in Einklang zu bringen sind.

Denn Brunhild lässt sich nicht zähmen, selbst dann nicht, wenn sie (nur scheinbar) besiegt ist. Sie näht mit dem Schwert, während Kriemhild versucht, ihre Liebe auf Nadel und Faden zu bringen. Königin Kriemhild ist eine Schneiderin in und von Minnesachen: Sie sitzt in der Nibelungenwerkstatt und näht. Brunhild dagegen ist Minne fremd, ihre Minne ist Kampf, sie kennt kein anderes Mittel. Vermutlich geht deshalb von dieser Figur bis heute, und natürlich vor allem für Frauen, eine so große wie magische Anziehungskraft aus. Weshalb die Vermutung naheliegt, dass die nordische Brunhild das mythische Vorbild von Pippi Langstrumpf ist.

Nähende Frauen dagegen sind wesentlich weniger spektakulär, für einen vorantreibenden Plot viel zu kontemplativ, gewissermaßen unergiebig betende Nonnen. In der Regel ernten sie freundlichen, aber eher müden Hausfrauenapplaus, ein „enttäuschtes Murmeln auf allen Rängen", wie es bei Hoppe heißt. Darum, weiter im Text: „Den Auftritt hat man sich anders gewünscht, mehr Pomp und Posaune, mehr Licht. Stattdessen Zwielicht, lautlose Dämmerung. Die Königin ist beschäftigt, nicht bei sich, sondern ganz bei der Sache. In der linken die Elle, in der rechten ein Stück schimmernder Schneiderkreide misst sie die prächtigen Stoffe aus und hat dabei einen Mann vor Augen, der ein hellgrünes Jagdkostüm trägt. Sie kennt seine Maße genau, obwohl sie ihn nie gesehen hat. Und um sie herum an die dreißig Frauen, die dasselbe tun wie die Königin: Messen, zeichnen, falten und schneiden, vier mal vier Kleider für einmal vier Männer, die unter dem Fenster lautstark damit beschäftigt sind, ihre Reise nach Isenstein zu planen."

Und, noch weiter im Text: „Wenn wirklich wahr ist, was man erzählt, dass, von jetzt an gerechnet, dreißig Frauen und eine Königin, bevor sie vier Männer nach Isenstein schicken, damit sie dort Schönheit und Schrecken verbreiten, sieben mal sieben Tage lang mit nichts anderem als damit beschäftigt sein werden, Kleider zu nähen, Gewänder aus weißer arabischer Seide, Mäntel aus grüner Zazamankseide, unterfüttert mit Fischhäuten aus dem Ausland, besetzt mit Krägen aus Hermelin und mit Mantelaufschlägen aus kohlschwarzem Samt [...], von den Knöpfen und Stickkanten ganz zu schweigen, die ich nicht näher beschreiben kann, weil mir das Opernglas fehlt, dann muss ich mir keine Sorgen mehr machen, ob ich noch rechtzeitig ankommen werde, denn in sieben Wochen kann ich es schaffen, selbst wenn ich beide Ruder verlöre."

Womit ich übrigens an Detailfreude und Ausdauer weit hinter dem Original zurückbleibe. Der Geschichte von Heldentum und Handarbeit, in anderen Worten: von Frauenarbeit gebührt ein eigenes Kapitel. Frauen spinnen und schneidern nun mal bis zum Exzess, übrigens nicht nur Kleider, sondern auch Texte, davon soll später genauer die Rede sein. Wenden wir uns vorher kurz jenen Textilien zu, mit denen Brunhild, wiederum in den Worten von Hoppe, gerade im Begriff ist, sich für den Kampf mit Gunther neu einzukleiden: „Schaut genau hin, damit ihr endlich begreift, dass hier eine Frau aus Island steht, die über Personal und sämtliche Mittel verfügt, die Schönste unter den Schönen zu sein. […] Sie könnte ein lybisches Waffenhemd tragen, von oben bis unten aus reinster Seide, mit breiten schimmernden Borten aus Samt; und einen Waffenrock aus Azagaukseide, von dessen Farbe sich kostbare Steine abheben; und über der Seide schwere Spangen aus Gold, und um die Hüfte einen rotgoldenen Gürtel, der ein gleißendes Licht auf den Gegner wirft, um ihn für immer zu blenden."

Aber wozu dieser Aufwand, wozu das Kostümfest? Für wen, fragt Hoppe, „will Brunhild so schön und bedrohlich sein, weit und breit keine Frau in Sicht, kein Vergleich und kein Wettbewerb, wem sollte sie also gefallen wollen? Hat sie nicht längst alle Gegner erschlagen und nach tausend Bädern in Heldenblut tausend Köpfe auf Zinnen gesteckt? Sie braucht keinen Helm, kein Bad, keine Brünne, weder Seide noch Spangen noch Gürtel aus Gold."

Doch es ist die Geschichte selbst, die nach der Schönheit der Frauen verlangt, der Ausdruck nach Macht verlangt nun mal Aufwand, wie jede Geschäftsfrau sehr genau weiß. Weshalb Brunhild, weiter im Text von Hoppe, „heute, zur Feier des Tages […] ihre wahre Gestalt zeigt: Sie kommt einfach in Grün, von oben bis unten, ein schlichtes einfaches grünes Kostüm, nur an den Rändern des Kragens und an den Ärmelaufschlägen mit rötlich glänzendem Fell besetzt, Jäger und Fuchs in einer Person. Ein Kostüm, um das jede Frau sie beneidet und vor dem jeder Mann sofort in die Knie geht. Denn sie weiß genau, was die Stunde schlägt, sie will ihren Zwilling mit seinen eigenen Waffen schlagen."

Dieser Zwilling ist, selbstverständlich, nicht König Gunther, sondern Siegfried, sein Scheinvasall, der die bereits oben erwähnte Tarnkappe trägt. Und da nützt auch das schlichte grüne Kostüm nichts, das von Brunhilds Hoheit ablenken soll. Um diesem Gegner tatsächlich begegnen zu können, müsste sie selbst eine Tarnkappe tragen. Doch welche Tarnkappe steht einer Frau zur Verfügung, die eine Königin ist? Eine Königin kann sich nicht unsichtbar machen, sie kann sich nicht zum Verschwinden bringen, sie muss sich zeigen, in all ihrem Glanz und ihrer Naivität. Es ist ihre Sichtbarkeit, die sie so verehrens- wie begehrenswert macht, der ganze schöne geschneiderte Schein.

Die gesamte Literatur des Mittelalters ist vom schönen Schein der Frauen durchzogen, von jenem Handwerk, aus dem man Helden schneidert. Wie fremd uns das inzwischen geworden ist, beweist die Ermüdung bei der Lektüre, die uns mit endlosen Beschreibungen von Kleidung und Kleidern traktiert, von Textilien, die sich im Lauf der Erzählung in die grandiose Textur von Texten verwandeln, die, immer wieder von vorn, nicht nur die Schönheit der Frauen preisen, sondern die Schönheit ganz allgemein. (Die Beschreibung von Enites Pferdedecke in Hartmanns *Erec* ist nur ein Beispiel dafür.)

Die Mediävistik hat dafür den so freundlichen wie herablassenden Namen ‚Schneiderstrophe' erfunden. Doch tut sie damit der hohen Kunst der textilen Strophe Unrecht. Denn bis in die Neuzeit hinein hinterlassen die Meister der großen phantastischen Stoffe und prächtigen Farben ihre unauslöschlichen Spuren, Zeichen aus einer Außenwelt, in der sich die Innenwelt spiegelt. Was wiederum viel zu modern gedacht ist, denn es geht nicht um Spiegelung, sondern um Repräsentation.

Johanna

Wir alle wissen, dass Kleider nicht nur Leute, sondern auch Helden machen. In meinem Roman über die spätmittelalterliche Johanna von Orléans ist immer wieder von der „altfranzösischen Farbenlehre" („Blason des Couleurs") die Rede (Huizinga). Der Professor (ein habilitierter Krönungsexperte) führt das im Hörsaal folgendermaßen aus: „Also schreiben Sie mit und vergessen Sie eins nicht: [...] Vorsicht mit Kronen. Vorsicht mit Devisen und Fahnen. Achtung bei der Wahl Ihres Pferdes, bei der Wahl Ihrer Dame, bei der Wahl Ihres Ritters, bei der Wahl eines Knappen. Auf hundert falsche kommt selten ein echter. Aufgepasst bei der Wahl Ihrer Waffen, bei der Wahl Ihres Wappens. Sorgfalt bei der Wahl ihrer Farben. Grün steht nicht jedem, und Blau erst recht nicht, eine Neigungswahl geht selten gut aus. Johanna kann ein Lied davon singen."

Es ist durch die Chronisten verbürgt, dass Johanna, die Schafhirtin vom Land, sehr genau wusste, wovon der Professor fünfhundert Jahre später im Hörsaal spricht. Sie wusste sehr genau, welche repräsentative Bedeutung ihre Ausrüstung hatte, allem voran das Pferd und die Kleidung. Bei aller Bescheidenheit und Askese haben ihr nicht zuletzt ihre Feinde sogar eine gehörige Portion Eitelkeit nachgesagt. Sie (die Eitelkeit) sei es am Ende gewesen, die die Jungfrau im wahrsten Sinne des Wortes in ihrer letzten Schlacht bei Compiègne zu Fall gebracht habe.

Bei Hoppe liest sich das so: „Eine himmlische Heerschar war nirgends zu sehen, Johanna war längst allein unterwegs. Ein Sumpf ohne Vorhut und Nachhut, viel Angriff, kaum Deckung, bis ein feindlich beherzter Bogenschütze sie endlich am Zipfel des Mantels erwischt und für die Ewigkeit vom Reiten erlöst. Heiliger Martin, was für ein Mantel! Ein Überwurf in Scharlachrotgold, viel zu schön, viel zu schwer. [...] Das kommt davon, wenn man glänzen will! Am Ende steht immer Gefangenschaft."

Aber die Frau Johanna möchte ein Held und ein Ritter sein, sie möchte nicht im Verborgenen wirken, sie sucht den Auftritt, die Öffentlichkeit, und zwar mit Pomp und Posaune. Vermutlich die einzige Frau in der europäischen Geschichte, die versucht hat, zwei vollkommen unvereinbare Rollen zur Deckung zu bringen, Kampf und Kontemplation: Sie ist Jungfrau und Ritter in einer Person, eine Art Schnittmenge aus Brunhild und Kriemhild. Allerdings geht es ihr nicht um weltliche Macht und weltliche Schätze, sondern um einen himmlischen Schatz – sie konfiguriert sich als Braut und als Schwester Christi in einem, scheut dabei nicht den geringsten Aufwand und zahlt dafür einen immens hohen Preis. Sie stirbt auf dem Scheiterhaufen.

Doch sage niemand, man habe sie nicht gewarnt. So heißt es bei Hoppe, als Warnung an alle Frauen, die sich zu weit nach draußen wagen: „Stattdessen könnten wir kochen und spinnen und heimlich häusliche Feuer schüren, denn längst ist erwiesen, auch die Hausfrau kann es zu Heiligkeit bringen. Krieg herrscht ja bekanntlich fast überall. Auch in Vorgärten lassen sich Fahnen hissen und Schädel spalten, falls einer unberufen die Schwelle betritt."

Jenseits von Krieg und Frieden hat die Farbenlehre bis heute ihre Bedeutung nicht eingebüßt, sie ist uns allen vertraut: Blau für die Treue, Grün wie die Hoffnung, Gelb vor Neid, und selbst im Kinderlied ist sie höchst lebendig: Grün, grün, grün sind alle meine Kleider, weil mein Schatz ein Jägermeister ist.

Augenschein
Und damit sind wir wieder beim Schatz, bei Siegfried, dem Jägermeister in Grün, der konsequenterweise schon wenig später

auf einer Jagd sein Leben verliert. Der schöne Schein lässt sich nämlich nicht aufrechterhalten, weil Siegfried ein Schauspieler zwischen zwei Welten ist, zwischen Island und dem burgundischen Hof, zwischen Natur und Etikette, zwischen archaischer Magie und höfischer Zähmung, zwischen Herrschaft und Unterwerfung. In anderen Worten: Siegfried ist herrlich im Kampf, aber bei Hof nicht kompatibel. Er ist, wie Johanna, ein Held, der gern prahlt, sich gern brüstet, der das Höfische übertrumpft, ein Tausendsassa, ein Scheinhöfling, ein Provokateur aus einer anderen Welt, in der man alles zugleich sein kann: Jäger, Dienstmann und König. Und sogar noch ein doppelter Ehemann, der, gelobt sei die Tarnkappe, wenn es denn sein muss, auch eine doppelte Hochzeitsnacht feiert und mit zwei Frauen auf einmal schläft.

Genau das wird ihm unweigerlich zum Verhängnis. Er hat einfach zu oft die Kostüme gewechselt. Damit gehört er in die Reihe der zwielichtigen und undurchsichtigen Helden. Was Wunder, schließlich ist Siegfried ein Schatz, beweglich, veränderlich, nicht zu fassen, ein Falke, den Kriemhild nicht zähmen kann. Die klugen Frauen haben den Braten natürlich schon längst gerochen. Brunhild, die kühne Handwerkerin, hat König Gunther längst an den Nagel gehängt – eine der schönsten Passagen im Original.

Womit wir bei jenem schicksalhaften Sonntag sind, kurz vor der Kirche, vor dem prächtigen Eingang zum Dom zu Worms, an dem sich der Rest der Geschichte entscheidet. Wiederum geht es, mit Hoppe, um Zeichen: „Und da kommen sie endlich leibhaftig: Kriemhild und Brunhild! Kriemhild für Siegfried und Brunhild für Gunther, Eigenfrau gegen Eigenfrau, Kriemhild in Blau und Brunhild in Grün; allerdings nicht in Seide und Samt, sondern, so schlicht wie olympisch, in zwei Anzüge aus Neopren eingenäht und auf den Rücken zwei prächtige Wappen, eisfestes Abbild ihrer Hochzeitsgeschenke:

Kriemhilds Falke und Brunhilds isländische Harpune aus Gold. Das Publikum jubelt und pfeift und schwenkt begeistert die Fahnen, die eine Hälfte flaggt Blau, die andere Grün, je nachdem, wohin sie ihr Kreuz gesetzt haben." Aber noch halten sich Kriemhild und Brunhild bedeckt, „noch drehen sie auf dem Eis vor dem Dom sanft gerundete musikalische Kurven und tun, als käme es nicht mal im Traum darauf an, wer von beiden als Erste ins Ziel geht, wem von beiden als Erster die Luft ausgeht und welcher es auf dem vereisten Laufsteg tatsächlich gelingt, die andere an die Seite zu drücken und aus dem Rennen zu werfen, um als Erste die Schwelle zum Dom zu erreichen, [...] als wäre das alles ein zielloses Spiel, nichts als eine kleine Performance, nichts als ein harmloses Alltagsgeschäft zwischen zwei Frauen, die kurz nach dem Frühstück [...] in ein Gespräch über Mode und Preisgunst treten."

Mode und Preisgunst. Doch der Augenschein trügt. Von Gesprächen kann gar nicht die Rede sein. Denn wie die Überlieferung und die Erfahrung wissen, sind die Karten nicht gleich verteilt. Nur eine von beiden hat tatsächlich den letzten Trumpf im Ärmel, den einzigen Trumpf, jenen flüchtigen Nachtrag zum Kampf der Geschlechter, der die ganze Geschichte aufschließen wird, jenen Gürtel der Unbesiegbarkeit also, den Siegfried in jener Nacht mit Brunhild als falscher Stellvertreter von Gunther erbeutet hat.

Und so kommt es, dass sich auf dem Laufsteg zu Worms zwei Königinnen treffen, die nur zum Schein auf Schlittschuhen stehen und nur zum Schein ihre Pirouetten drehen, mit denen sie, weil die Regie es so will, das Publikum (möglichst spielerisch) nicht nur davon ablenken sollen, dass die Sache längst entschieden ist, sondern auch davon, worum hier wirklich gespielt wird: um Leben und Tod. Um Sein oder Nichtsein. Es geht um den Titel der Königin.

Dabei sind die Königinnen ihren Rollen verpflichtet, sie sind in Kleidern gefangen, die sie sich selbst auf den Leib geschneidert haben. Ganz egal, wie schnittig auch immer sie sich über das höfische Eis bewegen, es sind nicht sie selbst – sie sind in fremdem Dienst unterwegs, sie sind Repräsentantinnen ihrer Männer geworden. Dies und nichts sonst ist der Schlüssel zu dem, was man bis heute in der trivialen Rezeption der *Nibelungen* immer wieder von Neuem so hässlich wie spöttisch den ‚Zickenkrieg‘ nennt, der bis heute unser Bild von Brunhild und Kriemhild geprägt hat und ein gefundenes Fressen für jede Bühne ist.

Doch woraus bezieht dieser seltsame Frauenkrieg seinen spezifischen Reiz? Vermutlich daraus, dass er in Wahrheit ein verkappter Männerkrieg ist, ein Stellvertreterkrieg, ein Maskenkrieg, der nicht durch das Schwert zu gewinnen ist, durch die Nadel schon gar nicht, sondern einzig durch andere, weit subtilere Mittel, nämlich durch den Gestus des Vorgeführtwerdens. Es ist der Gestus des Zeigens, die Präsentation jenes Gürtels, der Brunhild unbesiegbar gemacht hat und der sich jetzt im Besitz von Kriemhild befindet, die ihn vor dem Publikum auf der Treppe zum Dom triumphierend in die Höhe hält. Das Beweismittel ist öffentlich sichtbar gemacht. Vor allem aber ist es die begleitende Rede, die gleichfalls öffentlich ist und als Kommentar hörbar den Gestus des Zeigens begleitet. Es ist nicht das Handwerk, sondern das Mundwerk, das den Kampf zwischen Kriemhild und Brunhild entscheidet. Es ist nicht das Schwert, sondern die Scham, in anderen Worten, die Öffentlichkeit, die Brunhild in die Knie zwingt und selbstverständlich nach Rache verlangt.

Das Problem liegt also nicht etwa im Verrat selbst, den Siegfried und Gunther in Personalunion begangen haben, sondern in seiner potentiellen Publizität. Was in der Nacht zuvor noch geheim war, nichts als Ahnung, kommt plötzlich ans

Licht, alle Welt weiß es und kann es erkennen. Wie jenen betrunkenen Söldner von weiter oben, der plötzlich auf einer Hochzeit erscheint und verkündet, er sei ein verborgener Schatz und seine Knochen aus purem Gold. (Der Bräutigam, um hier kurz die Geschichte zu Ende zu bringen, lässt ihn umgehend schlachten.)

Gewonnen hat also scheinbar Kriemhild. Doch auch sie bezahlt ihren Preis, denn nur wenige Verse weiter wird sie von Siegfried grün und blau geprügelt, weil sie ein Geheimnis verraten hat, das den Pakt der Männer bei Hof gefährdet. Schuld ist also das lose Mundwerk der Frau: Sie hat sich verplaudert, fahrlässig geredet, sie hat ein Geheimnis preisgegeben, das dem Helden gehört, und damit einen Helden verraten, der *de facto* gar keiner ist, denn bevor Kriemhild plaudern konnte, war der Held es ja selbst, der sich verplauderte. So kommt nach dem Mundwerk wieder das Handwerk zum Einsatz. Nicht erst mit dem Tod von Siegfried, sondern mit dem Kampf um den Eintritt zum Dom ist das letzte und grausamste Schlachtfeld eröffnet. Das Schwert ersetzt die Textur der Minne, der diplomatische Verkehr unter den Protagonisten verstummt.

Rache
Die Geschichte der Nibelungen wird in der Regel in zwei Teilen erzählt. Der erste berichtet von Siegfrieds Aufstieg und Tod, der zweite von Kriemhilds Rache, nachdem sie am Hof von König Etzel zum zweiten Mal Königin geworden ist. Der Zwischenteil, den es formal nicht gibt, ist ihrer Trauerarbeit gewidmet, im Original heißt es: „Unablässig quälte sie der Schmerz über den Tod ihres Mannes, und als sie ihr auch noch den Schatz genommen hatten, ruhte ihre Klage in ihrem Leben niemals wieder bis zu ihrem letzten Tag. […] Sie hielt ihm die Treue. Das sagt alle Welt."

Der Text suggeriert, es sei Siegfried, dem Kriemhild in der Folge dreizehn Jahre lang trauernd die Treue hält. Ich dagegen behaupte, es ist der Schatz. Er ist es, mit dessen Hilfe Kriemhild, die Schneiderin, sich Freunde verschafft und Allianzen bildet, um Rache am Tod von Siegfried zu nehmen: „Bei Einheimischen und bei Fremden war sie wohlbekannt. Sie sagten, niemals hätte eine Fürstin in einem Königreich besser und freigebiger geherrscht."

Doch die schönen ‚Schneiderstrophen‘, jener Ausdruck höfischer Verschwendung, Herrschaft und Diplomatie, werden zunehmend kürzer. Jetzt schreitet Hagen zur Tat, der Schatz wird versenkt. Die Frauen sind nicht mehr mit von der Partie, aber sie sind immer noch da, allerdings hinter verschlossenen Türen. Nicht nur Kriemhild, sondern auch Brunhild verstummt. Sie verschwindet schlicht und einfach aus der Erzählung, weil sie keine Funktion mehr hat. Das Letzte, was wir, im Original, über diese so großartige und dramatisch effektvolle Heldin erfahren, ist Folgendes: „Königin Brunhild ist leider nicht in der Verfassung, daß Ihr sie sehen könnt. [...] Wartet bis morgen, dann läßt man euch vor. Als sie dann meinten, sie zu sehen, war es doch nicht möglich."

Doch dreizehn Jahre später wechselt Kriemhild noch einmal die Kleider, sie zieht als Braut von König Etzel ins Hunnenland und spricht von dort eine windige Einladung aus. Während sich die Burgunden, unter widrigen Verhältnissen (einer nicht nur real, sondern auch im Text quälend langen Reise), allmählich in Nibelungen verwandeln, werden unterwegs allerlei Leute sowie ein Floß zerschlagen, womit die Rückkehr für immer unmöglich ist. Inzwischen deckt Kriemhild an Etzels Hof den Tisch für die Rache. Doch die Dekoration nimmt sich textlich spärlicher aus, genau wie ihr eigner Auftritt, der sich in folgenden Worten erschöpft: „Kriemhild, die Schöne, ging mit ihrem Gefolge zu den Nibelungen und empfing sie voller

Falschheit. Das sah Hagen von Tronje. Den Helm band er fest."

Kein Kostümfest, sondern bündige Rede. Mit dem Abschied von der diplomatischen ‚Schneiderstrophe' geht es zielgerade bergab, direkt in den Abgrund. Auch wenn es von hier bis in den Untergang noch knapp weitere tausend Strophen dauert, ist für den Leser längst klar, dass die Geschichte des höflichen höfischen Umgangs längst ihr Ende gefunden hat. Der erzählerische Aufwand richtet sich nicht mehr auf die Beschreibung der Accessoires, sondern auf den Kampf unter Männern, auf Mord und Totschlag, auf einen Schauplatz, neben dem sich der Wettkampf zwischen Brunhild und ihren Freiern wie eine eher harmlose Kirmes ausnimmt.

Hier gibt es keine Tarnkappen mehr. Alles ist sichtbar. Auch das eigentliche Paar der Geschichte, das sich auf furchtbare Weise treu bis in den Tod bleibt: Kriemhild und Hagen. Die Schneiderin hat ihre Schere unwiderruflich gegen das Schwert getauscht, wie Penelope, die auf Odysseus wartet, der im Gegensatz zu Siegfried immer noch lebt.

Klage

„Am Ende waren alle tot – es gab keine Sieger!" So lautet lakonisch und bündig der letzte Satz der von einer vierten Schulklasse nacherzählten Geschichte der *Nibelungen*. Dem ist nicht viel hinzuzufügen. Das Ende ist drastisch, grausam und sinnlos. Was Wunder, dass die meisten Nacherzähler, allem voran die Bühnen, bis heute von seiner dunklen Faszination zehren, allen politischen Implikationen zum Trotz, den die *Nibelungen* vor allem nach dem Ende des Zweiten Weltkriegs haben. Dabei wird in der Regel vergessen, dass, nimmt man es ganz genau, das *Nibelungenlied* an dieser Stelle noch gar nicht zu Ende ist. Sein Auftraggeber (vermutlich ein Bischof aus Passau) hat den Erzählern aus der Nibelungenwerkstatt nämlich einen Auftrag erteilt, der über das Ende hinausgeht und als die dem Lied unmittelbar angehängte *Klage* in die Literatur eingegangen ist.

Dass die Klage so selten Erwähnung findet, ist auf den ersten Blick ihrem geringeren literarischen Wert zuzuschreiben, auf den zweiten jedoch erweist sich der Text auf überraschende Weise als eine Trauerarbeit der besonderen Sorte. Er versucht, dem Untergang der Nibelungen, wo nicht einen Sinn, so doch eine Reflexion des Geschehens abzuringen, er füllt die entsetzliche Leere mit einer immerhin über viertausend Verse langen Klage im Wortsinn: Die Helden werden beweint, und des Weinens ist kein Ende.

Das hört sich im Original so an: „Wollt ihr jetzt Staunenswertes sagen hören, dann nehmt Maßlosigkeit zur Kenntnis! Was auf der Welt je an Klage war, das war gar nichts. [...] Viele junge Damen rangen die Hände, bis sie brachen. Man hörte nur ein einziges ‚Ach‘ und ‚Weh‘. [...] Laut krachten die Gelenke an den Händen vieler junger Damen, die man heftig klagen sah.“

Es sind ‚Schneiderstrophen‘ klagender Frauen im Angesicht maßloser Verluste, von Frauen, die, durch die Hintertür der Geschichte, in die Nibelungenwerkstatt zurückgekehrt sind, um, auf makabere Weise, ihr pflegerisches Handwerk wieder aufzunehmen: „Der Tod hatte ihnen dort so viel von ihrem Glück geraubt. [...] Man sah viele rote Kettenpanzer von den verletzten Körpern ziehen. Viele durchlöcherte Helme wurden ihnen abgenommen. Rot, blutig und nass war ihre ganze Rüstung. [...] Viele Mädchen rissen sich mit großer Klage ihre Haare aus. Freundinnen, Frauen gingen laut schreiend zu den Toten, von den Wunden wurden ihre Kleidersäume blutig. [...] Viele junge Damen standen tiefbetrübt vor einem trostlosen Anblick. Das hatte man noch nie gehört: Es gab nicht genügend Männer, um die Toten auszuziehen. [...] Nun seht, wie hätten sie vermeiden können, dass so schöne Mädchen und Frauen die Toten entwappnen mussten? Viele rote Panzer sah man, die von Damen abgezogen wurden. [...] In tiefem Schmerz und unter Klagen schnitten die Frauen die Riemen auf, die sie nicht lösen konnten. Als der König gesehen hatte, dass sie sie aus der Rüstung schnitten, weinte er so sehr, dass sein Weinen bis dahin noch gar nichts war." Während der höchst handfesten (man beachte die Häufigkeit der Erwähnung der Hände!) Trauerarbeit wird, nebenbei, die ganze Geschichte noch einmal rekapituliert. Und es geht nicht zuletzt auch darum, der Außenwelt Kunde von der Geschichte zu geben; unter den wenigen Überlebenden wird nach Boten gesucht, die in der Lage sind, das Entsetzliche dorthin zurückzutragen, woher es hergekommen ist, bis zurück an den Hof von Burgund, wo plötzlich auch Brunhild wieder auftaucht. Doch das Mundwerk der Boten versagt – sie sind nicht in der Lage, die Botschaft zu überbringen. Nur die Frauen begreifen sie unmittelbar, sobald sie die Besucher in Augenschein nehmen. Am Ende sind sie es, die aussprechen müssen, was die Männer nicht sagen können.

Werkstatt

Kehren wir zum Schluss für einen kurzen Moment in eine etwas hellere Werkstatt zurück, zu einem uralten Text von Felicitas Hoppe, der vielleicht ein kleines Licht darauf wirft, warum ich mich so ausgiebig mit dem Verhältnis von Hand- und Schreibarbeit befasst habe. Der Text heißt *Die Tochter der Tochter des Schneiders* und beginnt so: „Ich fühle noch genau, wie mein Großvater nach meinem Ärmel greift, den Stoff zwischen zwei Fingern reibt und lachend sagt: Taugt nichts! Um zu diesem Urteil zu kommen, hätte mein Großvater der Schneider den Stoff gar nicht anfassen müssen, er hatte längst gesehen, was es damit auf sich hatte. Er erfasste jeden Stoff von weitem, mit bloßem Auge, auf den ersten Blick. Und nicht nur den Stoff, sondern auch den ganzen Rest, alles, was darunter steckt – die gesamte Statur, die komplette Verfassung. Unter dem Blick meines Großvaters fielen Knöpfe von selbst ab, dürftige Nähte platzten auf, ohne dass er sie angefasst hätte. Mein Großvater der Schneidermeister war ganz Auge, seine Meisterschaft war nahezu vollkommen, faszinierend und schrecklich zugleich. […] Denn mein Großvater war nicht nur ein großer Entlarver, sondern vor allem ein großer Verhüller, er nähte aus Leidenschaft und mit Hingabe, ein herrlicher ehrgeiziger Versteckspieler. Um die Dinge verstecken zu können, muss man wissen, wie sie beschaffen sind. […] Diese Gabe war sein Gewinn und sein Fluch, denn er selbst saß den Illusionen nicht auf, sein eigenes Auge ließ sich nicht täuschen."

Der Schluss lautet so: „Was die Tochter der Tochter des Schneiders betrifft, also mich, so habe ich begonnen zu schreiben, denn für Stoffe habe ich kein Talent, und Nadel und Faden kann ich nicht halten. Aber ich habe des Schneiders Augen geerbt, und wenn man weiß, wie die Dinge beschaffen sind, hat man plötzlich Lust, sie neu einzukleiden und schreibend ein bisschen den Schöpfer zu spielen. Für den Fall, dass mich Übermut dabei erfasst, fühle ich deutlich die Hand des Schneiders, der prüfend zwischen zwei Fingern den Stoff reibt."

Soweit Hoppes Poetologie, wenn sie alte Geschichten neu erzählt. Die Dinge ‚neu einzukleiden' heißt allerdings nicht, sie in zeitgenössische Kostüme zu wickeln und zwanghaft in neue Zusammenhänge zu stellen. Die Geschichte der *Nibelungen* gehört der Vergangenheit an, sie lässt sich nicht neu, sondern nur anders erzählen. Versucht man dies, stößt man alsbald darauf, dass sie selbst ein höchst poetologischer Text ist, ein lebendiger Schatz, den man allerdings füttern muss, bevor er zu Asche zerfällt oder jedenfalls krank wird. Oder einfach entwischt und sich am Wegrand aufstellt, um sich seine Nahrung selbst zu erbetteln. Und das geht nicht immer gut aus.

Anmerkungen

S. 47 Felicitas Hoppe, Manuskript [*Der letzte Schatz*].

S. 48–49 Ebd.

S. 49 *Das Nibelungenlied*, hg. u. übers. u. komm. v. Joachim Heinzle, Berlin, 2015, S. 745, Strophe 2367.

S. 49 Ebd., S. 745, Strophe 2371.

S. 49 Ebd., S. 747, Strophe 2373.

S. 50 Ebd., S. 745, Strophe 2372.

S. 50 Felicitas Hoppe, Manuskript [*Der letzte Schatz*].

S. 50 *Das Nibelungenlied*, hg. u. übers. u. komm. v. Joachim Heinzle, Berlin, 2015, S. 13, Vers 13.

S. 50–51 Ebd., S. 13, Strophe 15.

S. 51 Felicitas Hoppe, Manuskript [*Der letzte Schatz*].

S. 51 Ebd.

S. 52–53 Ebd.

S. 54 Ebd.

S. 54 Ebd.

S. 54 Ebd.

S. 55 Ebd.

S. 55 Ebd.

S. 55 Ebd.

S. 57 Vgl. Johan Huizinga, *Herbst des Mittelalters. Studien über Lebens- und Geistesformen des 14. u. 15. Jahrhunderts in Frankreich und in den Niederlanden*, übers. v. T. Jolles Mönckeberg, München, 1924.

S. 57 Felicitas Hoppe, *Johanna. Roman*, Frankfurt am Main, 2006, S. 32 f.

S. 57–58 Ebd., S. 87 f.

S. 58 Ebd., S. 39 f.

S. 59–60 Felicitas Hoppe, Manuskript [*Der letzte Schatz*].

69

S. 60 Ebd.

S. 62 *Das Nibelungenlied*, hg. u. übers. u. komm. v. Joachim Heinzle, Berlin, 2015, S. 365, Strophen 1141–42.

S. 63 Ebd., S. 361, Strophe 1127.

S. 63 Ebd., S. 473, Strophe 1486.

S. 63–64 Ebd., S. 549, Strophe 1737.

S. 65 Ebd., S. 783–85 (Klage).

S. 65–66 Ebd., S. 835 (Klage).

S. 66–67 Felicitas Hoppe, „Die Tochter der Tochter des Schneiders", in: *Die fünf Sinne. Von unserer Wahrnehmung der Welt*, hg. v. Anne Hamilton, Frankfurt am Main, 2008, S. 45–48, hier S. 45 f.

S. 67 Ebd., S. 48.

Bibliographie

Michael Blatter, Valentin Groebner, *Wilhelm Tell. Import – Export. Ein Held unterwegs,* Baden, 2016.

Das Nibelungenlied, hg. u. übers. u. komm. v. Joachim Heinzle, Berlin, 2015.

Felicitas Hoppe, *Verbrecher und Versager. Fünf Porträts,* Hamburg, 2004.

Felicitas Hoppe, *Johanna. Roman,* Frankfurt am Main, 2006.

Felicitas Hoppe, „Die Tochter der Tochter des Schneiders", in: *Die fünf Sinne. Von unserer Wahrnehmung der Welt,* hg. v. Anne Hamilton, Frankfurt am Main, 2008, S. 45–48.

Felicitas Hoppe, *Hoppe. Roman,* Frankfurt am Main, 2012.

Felicitas Hoppe, *Prawda. Eine amerikanische Reise,* Frankfurt am Main, 2018.

Felicitas Hoppe, Manuskript [*Der letzte Schatz*].

Bohumil Hrabal, *Leben ohne Smoking. Erzählungen.* Aus dem Tschech. v. Karl-Heinz Jähn, Frankfurt am Main, 1993.

Johan Huizinga, *Herbst des Mittelalters. Studien über Lebens- und Geistesformen des 14. u. 15. Jahrhunderts in Frankreich und in den Niederlanden,* übers. v. T. Jolles Mönckeberg, München, 1924.

Ilja Ilf, Jewgeni Petrow, *Beziehungen sind alles. Erzählungen und Feuilletons,* hg. v. Gerhard Schaumann, Berlin, 1980.

Ilja Ilf, Jewgeni Petrow, *Das eingeschossige Amerika. Eine Reise,* übers. v. Helmut Ettinger, Frankfurt am Main, 2011.

Philippe Lejeune, *Der autobiographische Pakt,* Frankfurt am Main, 1994.